成功家教直通车

差之毫厘，失……来
自父母眼光的……

U0570683

换种眼光

看孩子

赵华伦　编著

煤炭工业出版社

·北京·

图书在版编目（CIP）数据

换种眼光看孩子／赵华伦编著．－－北京：煤炭工业出版社，2014（2017.4 重印）

（成功家教直通车）

ISBN 978－7－5020－4479－4

Ⅰ.①换… Ⅱ.①赵… Ⅲ.①家庭教育 Ⅳ.①G78

中国版本图书馆 CIP 数据核字（2014）第 063193 号

煤炭工业出版社　出版

（北京市朝阳区芍药居 35 号　100029）

网址：www.cciph.com.cn

北京一鑫印务有限公司　印刷

新华书店北京发行所　发行

＊

开本 720mm×1000mm$^1/_{16}$　印张 14$^1/_4$

字数 207 千字

2014 年 8 月第 1 版　2017 年 4 月第 2 次印刷

社内编号 7311　定价 28.00 元

前　言

世界始终只有一个，每个人眼中的小世界却是不同的。爱迪生发明电灯前曾做过一千多次实验，有人嘲笑他，他却自豪地说："至少我发现了一千多种不适合做灯丝的材料。"

"听话的孩子就是好孩子"、"考试成绩高就是学习好"……当我们被这些一贯的想法所左右的时候，我们已然将教育的基本理念抛诸脑后。在教育孩子的问题上更是如此，当我们忙着跟风的时候，都没有时间停下来反思，这样的方式适不适合自己的孩子。毕竟每个孩子都是独立的个体，他们的人生本该充满无限可能。很多家长不管孩子愿不愿意，依照自己的意愿决定孩子的未来，从而剥夺了他们自主选择的权利。这样做到底对不对，我们并没有反思。

正是因为人们用同一种眼光看待所有的孩子，才会有那么多孩子被贴上"笨孩子"、"坏孩子"、"怪孩子"、"差生"的标签。这些孩子也因为这样那样的标签承受着来自各方面的压力，学习成绩和个性发展都受到严重的影响和制约。

诚然，聪明乖巧的孩子的确招人喜欢，但"笨孩子"就一无是处吗？当然不是，著名教育家魏书生就曾对"差生"大加褒扬。他认为，"差生"的心理素质发展得非常全面：他们有着坚韧的意志，即使学不会也要学，即使听不懂也要听；别人学一遍就会，他可以学几遍。他们忍受挫折的能力较强，老师的批评、同学的嘲笑、父母的责骂都不能影响他们学习、生活的热情。"差生"还有宽阔的胸襟，他们不计前嫌，仍然一如既往地尊重老师，尤其表现在他们工作以后，对老师的尊敬程度是所谓的优秀生远远不及的。

换一种角度，你会发现：每个孩子都是美丽的花朵，只是绽放的时间不同而已；每个孩子身上都有闪光点，只是色彩不同而已；每个孩子在降临到这个世界的时候都是天使，只是带给我们的希望不同而已。世界并不缺少美，只是缺少美的发现。

仔细想想，每个孩子都可以是天才，每个家长也都可以是教育家。因而，每位家长都需要掌握一些教育法则。我们要睁大双眼看孩子的优点，眯着眼睛看他们的缺点。或许，换种眼光，缺点也可以成为优点。

换一种眼光，"笨孩子"的能力或许毫不逊于"聪明孩子"；换一种眼光，"坏孩子"一样可以书写精彩的人生；换一种眼光，"怪孩子"的奇思妙想也闪耀着智慧的光芒。

目 录

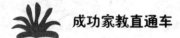

第一章
"笨孩子"也能成才

成绩主要说明学习起点的新状况，而不是提供终结性的结论。应当用发展的眼光看学生，用发展的眼光看教师，用发展的眼光看学校。

——《素质教育观念学习提要》

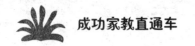
一、成为伟人的"笨"孩子

日常生活中，不少家长、老师眼中总是有一些"笨孩子"，然而，根据相关研究，所谓"笨孩子"中，95%以上孩子的智力都是正常的，只不过他们经常受到挫折和失败，进而丢失了自信心，对学习丧失了兴趣，其积极性和自觉性受到打击，原本聪明的孩子自然就会变成"笨孩子"。

古今中外不乏"笨孩子"成为名人的例子。

事例一：

爱因斯坦4岁才会说话，7岁才会认字。老师给他的评语为："反应迟钝，不合理，满脑子不切实际的幻想。"老师们害怕在教学中遇见他，一致认为他资质低下，所以爱因斯坦不得不接受退学的命运，并且在申请瑞士联邦技术学院时也被拒绝。但是爱因斯坦还是成为伟大的科学家，而他死后，许多科学家都在研究他的大脑与常人有什么不同之处。

事例二：

达尔文决定放弃行医时，遭到父亲的斥责："你放着正事不干，整天只管打猎、捉老鼠，将来怎么办？"达尔文在自传中这样写道："所有的老师和长辈都认为我资质平庸，我与聪明是不沾边的。"但是，后来他被称为"进化论之父"。

事例三：

彼得·丹尼尔在读四年级时，经常遭到班主任老师菲利普太太的责骂："彼得，你脑袋不灵，功课不好，将来不会有出息的。"也许老师的话刺激了彼得，从此之后他没有突出表现。直到 26 岁时，他大字依旧不识几个。

那一年，一位朋友给他读了一篇《思考才能致富》的文章，他大受震撼，此后像变了一个人似的，脚踏实地、努力学习、勤于思考、艰苦创业，多年后事业成功的他买下了当年打架闹事的街道，并且推出《菲利普太太，你错了》一书。

事例四：

司马光小时候非但没有聪颖的资质，反而有点平庸。他 6 岁开始读书，不仅背书速度慢，而且对书本的理解也不快。其他同伴都背熟的书，他还背不下来。尽管"智"不如人，资质平平，但是他一点都不气馁。经过刻苦读书终于考取功名，并编纂出鸿篇巨著《资治通鉴》。司马光的名字也被载入史册，为后人敬仰。

事例五：

1933 年，电影舞星弗莱德·艾斯泰尔到米高梅电影公司试镜后，导演给出的评语是："毫无演技，前额微秃，略懂跳舞。"后来，艾斯泰尔将这张纸裱起来，挂在比弗利山庄的豪宅里。

事例六：

罗丹的父亲曾经抱怨自己的儿子是个白痴。在众人眼中，他是一个前途无"亮"的学生，艺术院校考了三次都没考上。他叔叔绝望地说：孺子不可教也。然而，罗丹却成为一代艺术大师。

事例七：

丘吉尔在上小学六年级时曾留过级，他的前半生充满了挫折和失败，直到 62 岁才当上首相。

家长都希望孩子将来能够有出息，于是对孩子寄予很高的期望。一旦孩子的行为与他们的期望不一致，或者孩子的成绩不尽如人意，家长就会气馁，要知道，名人中也有不少"笨孩子"，说不定自己的孩子也有可能成为伟大的人物。

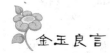 金玉良言

　　作为家长，你一定要相信：笨小孩不会笨一生。用爱引导孩子各方面均衡发展，才不致让孩子以后的人生如此刻面对学习一样处处碰壁。终有一天，当孩子走向精彩人生的那一刻，自会证明，孩子也可以很出色。

二、考试成绩差就是笨孩子？

目前，很多家长固执地认为：孩子学习成绩好，素质就高，能力自然也就好。他们眼中成绩和素质、能力成正比，因此，他们就想方设法让孩子获取高分。这其实是一种错误的教育理念。

的确，考试成绩虽然不能说明一切，但却可以反映出孩子掌握知识的程度，是家长进一步观察孩子的信息，方便从中总结下一步该怎么办。然而，这并不意味着得高分的孩子能力就强。

有一份别具一格的问卷是这样的：

请你用一句最简洁的话，回答下面 4 位著名人士到底在说些什么：

1954 年 4 月 2 日，苏黎世联邦工业大学建校 100 周年，邀请爱因斯坦回母校演讲，爱因斯坦在演讲中说了这么几句话：我学习成绩中等，按学校的标准，我算不上是个好学生，不过后来我发现，能忘掉在学校的东西，剩下的才是教育。

1984 年 10 月 6 日，诺贝尔物理学奖获得者丁肇中回母校清华大学演讲，在接受学生的提问时说了这么一句话：据我所知，在获得诺贝尔奖的 90 多位物理学家中，还没有一位在学校里经常考第一，经常考倒数第一的，倒有几位。

1999 年 3 月 21 日，比尔·盖茨应邀回母校哈弗大学参加募捐会，在记者问他是否愿意继续学习、拿到哈弗的毕业证书时，他向那位记者笑了一下，没有回答。

2001 年 5 月 21 日，美国总统布什返回母校耶鲁大学，接受荣誉法学博士学位。由于当年他成绩平平，在被问到现在接受这项荣誉作何感想时，他说："对那些取得优异成绩的毕业生，我说'干得好'；对那些成绩较差的毕业生，我说

'你可以去当总统'。"

这是巧克力之父福斯贝里经营的公司在登陆中国时，给求职者出的问卷。公司开始发出招聘信息时就收到了 400 多份自荐信，福斯贝里看到那么多求职信时，非常高兴，可是他在阅读了这些信件后，却犹豫起来，因为在这 400 多份自荐信中，有 300 多人的学习成绩每科都在 90 分以上，并且有 80％以上的学生曾担任过学生会干部，从老师给他们写的评语看，每个学生的在校表现也都是尽善尽美的。福斯贝里读完自荐信，没有对自荐者的诚信产生怀疑，他相信这一切都是真的。中国是一个重视教育的国家，中国学生无论在哪个国家读书，成绩好都是出了名的。不过，他觉得仅凭这些还不能确定谁有资格进入他的公司。他想，要在这些好学生中选一位适合自己公司的人，还必须测试其他的东西，于是他出了那份问卷。

接到回执的 400 多名，均发回自己的答案。2003 年 3 月 10 日，乔治王巧克力公司中国分公司在北京开业，有一位学生被通知参加开业庆典。他是这么回答的：学校里有高分低分之分，但校门外没有，校门外总是把校门里的一切打乱重排。

只把目光停留在分数上的教育方式，让孩子从小除了看书就是学习，除了考试就是培训，其实只能造成悲剧。因为用这种方式培养出来的学生只会学习，只擅长考试，即使考取了很多他们曾引以为傲的证书，还是不知道如何施展自己的才能，依旧无法适应社会日益激烈的竞争。

切记：分数可以作为评定孩子学业水平的标准之一，但不能准确预测孩子的未来。事实证明，有所成就的人不一定是考高分的人。

2001 年在《中国青年报》上曾刊登过题为《剑桥"奇才"的非智力因素》一文。主人公张弛在国内读完高二就直接被英国爱塞克斯大学本科录取，本科毕业后，同时接到英国 4 所著名大学的深造邀请函。22 岁的他便拿到了剑桥大学女王学院全额奖学金。

也许没人会想到，学业这样成功的他，在童年时曾被幼师认为"智商偏低"。其实，成就张弛成功的根本原因就是父母始终如一的积极心理暗示。张弛的父母总是鼓励他积极向上，让希望的阳光始终照耀他的心灵。同时，让张弛对学习以及各种事情都充满信心和兴趣，慢慢地就培养了他乐学乐干的行为习惯，于是，张弛就顺理成章地成为同龄人中的佼佼者。

　　家长要以平和的心态对待孩子的成绩：考好了当然值得奖励，考不好也不能一味责怪，要帮助他们寻找原因，更重要的是要稳定孩子的情绪，鼓励他们积极努力，乐观向上。

 金玉良言

> 　　孩子的潜能是不可限量的，如同一座待开发的金矿，家长就是引爆这座金矿的人。家长有辅助孩子提高成绩的义务，但明智的家长不会把所有的精力都放在提高分数上，而是使孩子的身心得到全面健康的发展。

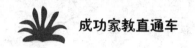

三、别把孩子说笨了

智商的表现如同人的身高一样，特别聪明的很少，特别笨的也很少，大多数人的智商是相当的。

事例：

有一个 9 岁的男孩子，学习成绩极差，学校的老师每天都要给他补课，但他的学习还是跟不上别的学生，最后老师实在是受不了了，就让学校把学生劝退了。这个学生后来被送去医院做了全面的测试，其中不仅包括智商的测试，还有学习品质、个性的考察，结果非常糟糕。医生和孩子聊天时问道：一只鸡有几条腿？他说有两只。医生继续问道：两只鸡有几条腿？他想了想说：两只鸡三条腿。真让人哭笑不得。医生又问他左手是哪只，他迅速地抬起了右手，然后又问他右腿是哪条，那个孩子毫不犹豫地抬起了左腿。对于孩子这种智商低下的表现，家长心里非常焦急。

这个孩子在医生特殊的安排和训练之下，不到一个月就发生了非常大的变化。医生又对孩子进行了测试并对结果进行分析，还对孩子 7 岁以前的成长情况进行详细咨询，最后发现这个孩子其实不是智商先天有问题，而是由于在智力开发的最佳时期训练不足而导致的智力低下。但最可悲的是，家长对孩子早已失去信心，认为孩子很笨，所以就疏于调教，平时与孩子讲话也是口无遮拦，给孩子心灵的伤害和刺激非常大，医生曾经问孩子："你最讨厌爸爸妈妈说你什么？"孩子回答："我家里人总是说我笨！"这是多么让人心酸的话啊！

其实，与上面9岁男孩类似的看起来智商有缺陷的许多孩子，是由于智能的发展受到影响，并非大脑真的有问题。家长在孩子小的时候没有给予合理及时的调教，使那些本来并不笨甚至还很聪明的孩子最后变得平庸。这种情况是令人遗憾和痛惜的。这不仅是家庭的悲剧，更是孩子的悲剧。

另外还有一些情况是，孩子的智能早期有所开发，但由于家长不恰当的培养方式，使孩子对学习失去积极性，甚至从思想上排斥学习新事物，也使孩子的智慧和能力受到极大的影响。

提起对孩子的伤害，虽不像抢劫、勒索等一样触犯法律，但一些"软伤害"却能使孩子的心灵受到刺激。遗憾的是，他们还不知道自己已经对孩子造成了伤害。

场景一：五岁的丹丹不小心把杯子碰在地上，妈妈气急败坏地说："你怎么这么蠢，真是个笨蛋、傻瓜，一点用都没有……"

场景二：六岁的小静贪玩，不好好练琴，气得妈妈经常说："孩子，爸爸妈妈多不容易，挣钱给你买钢琴，还付学费，你一点不争气，一点都不像其他小朋友那么乖、那么聪明。你不好好练琴怎么对得起我们？"

场景三：洋洋不愿学画，爸爸哄他说："洋洋乖，你好好学画，爸爸给你买玩具，否则什么也别想得到。"

场景四：明明数学考试得了73分，比邻居家的东东少了25分，气得明明妈妈一直唠叨："你看人家东东考了98分，你怎么就不能像人家东东一样，也考个98分让妈妈高兴高兴？父母辛辛苦苦挣钱就换来你这么个分数？我怎生了你这么一个笨儿子！瞧你那没出息的样子！"

场景五：一个学习不太好的女孩跟爸爸说："我今天考了100分。"爸爸问："哪门课考了100分？"女儿高兴地回答："自然课。"爸爸的表情一下子就变了："自然算什么玩意儿，你有什么好得意的，真是没有出息。"

很多家长在责备孩子的时候，往往不是努力探寻造成事情发生的原因，而是盯着事情带来的后果，然后简单以"你真笨"之类的话来批评。此时孩子脑子里想的是：你们既然认为我笨，那我考个60分也很不错了。孩子习惯地把考试不理想的责任一股脑儿地推到了自己"笨"的原因上，当然也就不屑去考虑考试失败的真正原因。所以如果下次考试考了 40 分，心里也没有什么负担了，因为他认为反正自己也够笨的，所以这样的结果也很正常。这样，孩子既没有信心也缺乏进取心，慢慢地也就真的变笨了。

 金玉良言

> 孩子的心灵如同蓓蕾一般需要丰富的营养，但也极易受到挫伤。家长气急之下口不择言的一些话有可能会对孩子的心灵造成很大伤害，甚至影响孩子的一生。家长作为孩子最亲近的人却成为这样的伤害者，难道不是莫大的悲剧吗？

四、智力测试贻害孩子

"我的孩子有多聪明?""我的孩子智商高不高?"这是很多家长都希望知道的问题,这正出于他们望子成龙、望女成凤的心理。当孩子的成绩不理想时,家长往往会带孩子去做智商测试。他们试图通过这种方法证实孩子的智力是否存在问题。有的家长甚至认为,孩子的测试分数不及格就是智力有问题,就说明自己的孩子是"笨孩子"。

事例:

李建在班级的身份有点特殊,是一个随班附读生。他的成绩不计入班级的平均分,所以老师对他的成绩并不在意,可谓是任其发展。为何智商正常的李建会变成随班附读生呢?

由于李建的父母一直忙于工作,所以他从小就和奶奶、小叔一家生活,小叔家有一个比他小两岁的堂弟。虽然叔叔婶婶对李建视如己出,但是天性内向的李建还是觉得小弟弟明涛是最幸福的孩子,因为他可以每天和爸爸妈妈在一起,可以随时向父母撒娇,而自己却只能和奶奶为伴,只有节假日才能见到父母。所以,内向的李建更加不爱说话,他觉得父母不爱自己,否则不会将他丢在奶奶家。就这样,转眼间李建到了上学的年龄,父母为了让他接受更好的教育,就将他接到身边上学。

刚到一个新环境,李建还没来得及适应,就被妈妈送到附近的小学校上课。面对陌生的老师和学生,李建更不知道如何与他们相处。上课时,他总是低着头,好像很怕老师看见自己。起初，老师还会走到他面前，问他懂不懂刚才讲的内容，李建只是机械地点点头。其实，由于学习内容和环境的差异，他不仅听不懂老师讲的内容，而且对新知识也感到很陌生。半学期下来，李建每科考试成绩都刚刚及格。

鉴于李建平时的表现，老师告诉李建的妈妈，李建反应慢，而且上课总爱走神，是不是智力有些问题。对此，妈妈却不认同，她对老师解释道："可能是因为我家李建刚换新环境的原因，孩子一时间还无法适应，所以才会这样。我想期末考试一定不会这样了。"于是，从那天起，妈妈每天都会抽出时间给李建补课，而且还给李建施加很大的压力。但是由于李建基础差，再加上他故意与妈妈对着干，所以就不好好学习，致使他期末考试只有一门功课及格。

这样一来，妈妈也认同了老师的看法，认为孩子脑子不灵光，所以才会跟不上学校的教学进度。面对老师的轻视、同学的嘲笑、妈妈的压力，李建彻底畏惧了，他觉得自己很可怜，没有人理解自己真实的想法，其实他只想得到妈妈更多的关爱，而不是压力。所以，李建开始自暴自弃，一提到学习就说头疼，于是妈妈就带李建去做智商测试，结果显示李建智商偏低，因为他不愿意回答医生提出来的任何问题。

家长一旦知道孩子智商测试的分数低，就容易产生放弃心理，认为自己的孩子就是笨，从而没有给予他们足够的指导和帮助，很可能因此而抹杀了他们其他方面能力的发挥。

反之，如果家长没有带孩子去做智商测试，老师不推测孩子的智力有问题，而是对智商较差的孩子给予更多的关心和指导，多数智商偏低的孩子还是可以转化成普通孩子的，有的甚至还会超过普通孩子，最终成为杰出人物。

面对当今流行的给孩子测智商的情况，北京大学心理研究所郭勇博士认为，家长对智商测试的认识往往会陷入一些误区。

误区一：智商高就是"天才"。有些家长抱着鉴定孩子是"天才"还是"庸才"的目的来做智商测试，这显然是荒谬的。智商测试只是儿童心理咨询中一项科研或治疗的评定手段，单纯的智商指数并不能说明孩子是"天才"还是"庸才"。

误区二：智商等于智力。目前的智商测试通常由语言、数字和图像三部分内容组成，是国际通行的方法。但实际上，人的智力的全部内涵要远远超出这几项，通常而言，人有音乐、语言、空间、数学、运动、人际关系、心理调节等7种智能，而目前的智商测试是不可能将其全部测出来的。

误区三：孩子都需测试智商。有关资料显示，在我国，智力超常儿童和智力迟滞儿童都为数极少，90%以上的儿童都属智力正常范围。因此，专家普遍认为，测智商只是对那些疑似超常、弱智或心理有问题的儿童才适用，一般孩子不必测智商。

误区四：一测定终身。在心理学界有一个著名的实验，一位心理学家以做智商测试的名义，选出若干名学生，事先不透露真实情况，随意将学生分为两组，然后任意指出一组是智力好的，另一组是智力不好的。半年以后发现，被称为智力好的一组学生的智力果然好起来，而另一组果然成了不好的。这个测定是很发人深省的。

金玉良言

孩子的能力是多方面的，不应简单地以一次的测试成绩判断他的智力，也不要因为一两个方面能力的薄弱而否定孩子整体能力的发挥。相反，家长应全面了解孩子的综合能力，并根据孩子的个性，采取个性化的教育方式。

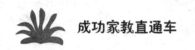

五、走出"慢孩子"就是"笨孩子"的误区

学东西比别的孩子慢，到一个新环境需要很长时间来适应等，很多家长和老师认为这是"笨孩子"的表现。其实这只是这类孩子的行为方式，并不代表孩子的能力不行。或许"慢孩子"学一首诗的速度比较慢，但他们一般相应地会记得比较牢、比较久，这是他们学习事物的一种习惯方式。而且，这些"慢孩子"长大后很有可能具备其他"快孩子"没有的优势——在遇到不良嗜好，比如吸烟、偷窃等诱惑时，不像那些接受快的孩子一样容易改变，而是抱着审视的态度去接受。

事例：

15 岁的赵莹自述："从我记事起，妈妈就说我不聪明，学什么都比别人慢半拍，而周围人私下里都叫我傻姑娘，就连和小伙伴做游戏，我都永远只能扮演上当受骗的角色。"

原来，赵莹在上小学时，成绩就属于中下等，其实，她一直非常努力地学习，但做事总是慢半拍，为此父母和老师就不太喜欢她。有一次，赵莹上课回答问题，老师说她回答的声音太小了，就让她到门口罚站。

虽然学习不是赵莹的强项，但她酷爱音乐。对此，妈妈却总是说："音乐能当饭吃呀？"从上学起，赵莹就特别喜欢上音乐课，老师教的新歌，她只要听一遍就能记下旋律，歌词也能记住一大部分，但是在报名参加班级合唱团比赛时，老师却不允许她参加，原因是怕她跟不上节奏，拖班级的后腿。老师之所以这样评价赵莹，是因为他从来没听过她唱歌。

面对这样的老师和同学，赵莹觉得很失望，很不开心。好不容易熬到了上中学，她很高兴，终于可以告别这个不开心的环境。重新认识一些老师和朋友了。

然而事情并没有想象得那么顺利，她发现，中学老师也同样喜欢那些机灵、活泼的同学，而对她这样成绩的学生，老师的态度则比较严肃，甚至是苛刻。有一次，快下课时，赵莹无意识地举了一下手，老师就当众问她是不是想早点下课。对此，赵莹觉得很委屈，但是老师没有给她解释的机会。难过的她只好回家和父母说，可是父母认为老师说得没错："上课时间，你为什么就不能安安稳稳地坐着呢？非弄出一些与学习无关的小动作？"

一个学期过后，赵莹的成绩还是比较差，语文老师当着同学的面问她："难道你不是中国人吗？连作文都写不好。"课后，同学给赵莹起了很多外号，有些调皮的同学则干脆叫她"大笨蛋"，此时，她感到很郁闷，不再喜欢和同学们玩，认为大家都看不起她。从那时起她就显得很孤立。

父母认为赵莹的成绩很差劲，担心她考不上高中，所以就请了一个家教老师。这位老师虽然讲得很好，但是脾气却很坏，题目只讲一次，就直接问："遇见类似的题就这么做，明白了吧，很简单吧？"有时候，如果赵莹有疑问，老师就会很不耐烦地说："这么简单的问题都听不懂，你是不是脑子不够用？"

从那以后，即使赵莹听不懂，也不敢再问老师了，她害怕看见老师不耐烦的表情，更怕听到对她的批评声。所以老师每次问她，她都糊里糊涂地点头，其实十次有八次没有真正弄懂。即使是同一类型题，只要稍稍变换一下，她就不会做了，对此老师非常气愤，就对她的父母讲，赵莹进步很慢。就这样，赵莹感到父母不再对自己抱以希望，老师对自己也漠不关心，在她看来，自己进步一分，别人已经进步了十分，而且她认为自己永远都赶不上其他同学。

转眼间，赵莹已经上初二了，虽然家长对她不抱太大的希望，但还是希望她能够考上高中。然而在期中考试时，她有一门才考了四十几分，这令父母对她失望透顶。

班里有个恃才傲物的男生，不仅学习成绩好，而且很受老师的宠爱，在他得知因赵莹的成绩拖了班级的后腿时，就当面说她是"弱智"，赵莹非常气愤，就和他吵了起来，争吵之中，男生还打了她一下。事后老师并没有问明缘由，就直接批评赵莹，说她"小心眼，为一句话就和同学吵架"。

这件事情深深地刺痛了赵莹，她为此失眠了好几天。她实在想不通，为何老师认为学习成绩好的学生，修养就肯定高呢？

放暑假后，赵莹就此事和父母谈了好几次，想让他们帮助自己解释清楚其中的道理，可是不知为何，赵莹的话他们就是听不进去，而且还说她是个"不上进的孩子，不知道学习，还不让别人批评"。

因为周围人总是骂赵莹笨、反应慢，所以她自己也认为自己是个笨小孩。因此，她总是留心广告上提高智力的产品，既想和妈妈说买一些回来试试，又怕吃出什么问题；也因此，只要见到关于智商测试的相关知识，她就很感兴趣。赵莹说："我很想知道那些智商较低的人都去哪里上的学？低智商的人能否治愈？"有一阶段，她每天晚上都在想这些问题。因为得不到家长的理解和支持，赵莹曾经哭过、闹过，为此还绝食、离家出走过。对此，父母总是指责她。爸爸说："老师教过的知识，你就应该会，否则只能证明你不努力。"妈妈说："学习是学生的天职，为什么你总是逃避责任？"

有些孩子只是反应慢，并非笨，如果能给这些孩子多一些关爱，少一些责备，相信他们会乐观地学习、生活，而不是自卑、胆怯地面对生活和学习。

金玉良言

> 其实，反应慢与笨不笨没有关系，家长应该让孩子学会控制节奏，慢慢去想、慢慢去做一些事情，帮助孩子控制他行为和语言的节奏。

第二章

"坏孩子" 也有魅力

任何新生事物在开始时都不过是一株幼苗，一切新生事物之宝贵，就由于在这新生的幼苗中，有无穷的活力在成长，成长为伟人，成长为气力。

——周恩来

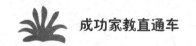

一、"坏孩子"也会创造奇迹

在许多家长心目中，评价孩子好不好的标准是孩子听不听话。但听话的孩子就是好孩子，不听话的孩子就是坏孩子吗？这似乎陷入了"好孩子"的误区。

在传统教育观念中，把孩子听话视为优点，不听话则被视为叛逆，大加斥责。然而，孩子应该有自己的个性存在，我们应该给予孩子自由发展的空间。如若一味强调听话，那么教育出来的孩子就只剩下传统教育怪圈中的所谓"好孩子"了。他们没有个性锋芒，人云亦云；缺少创造能力，循规蹈矩；不敢打破常规，缺少批判眼光；思维不灵活，思想僵化。这样的孩子其实是不健全的。

但是被人们否定的一些"坏孩子"却经常奇迹般地干出了伟大的事业。温斯顿·丘吉尔就是很有代表性的一个实例。

2002年10月，温斯顿·丘吉尔被英国人民选为"最伟大的英国人"，排在他身后的英国伟人，依次为莎士比亚、牛顿、达尔文等。

7岁那年，温斯顿·丘吉尔被父母送到一所名为圣乔治的贵族子弟寄宿学校读书。主持校政的是教会的一名牧师，教育方式是典型的英国式的刻板和严厉，无情的体罚则犹如狱卒打骂犯人，丝毫不顾忌这些学生"强硬"的背景。丘吉尔性格倔强，在挨打时拼命哭叫、踢打，有一次甚至把校长的草帽踩个粉碎。

学期结束时，他带着一张成绩单和满身的疤痕回到家里。学校给他的评价是"淘气"和"贪吃"。鉴于他的健康受到损害，根据家庭医生的建议，父母将丘吉尔转送到布雷格的另一所学校。

12岁时，父亲又将他送进哈罗公学，这是培养英国绅士的摇篮。因为入学考试的失败，他被编在成绩最差的一个班中的最后一组。他的学习成绩也一直是倒数几名。

丘吉尔给很多人的印象是低能、怪癖、无法无天。幸亏他还有一个知音，即他的外祖父。这位见过大世面的美国百万富翁说："让他去吧！男孩子只要有显示才能的机会，自然会变好的。"少年丘吉尔的确显示出某些才能。他酷爱历史，这门学科的成绩也非常突出；他还能大段大段地背诵莎士比亚作品中的台词。但这些才能并没有显示的机会。他热衷于体育和军事训练，接受操练和射击训练，参加对抗性的战斗演习和战术训练，他还练出了很棒的骑术和游泳技能。他最成功的技能是击剑，在一次比赛中，他赢得了银质奖章。

后来，丘吉尔又有了一个新的梦想——他想成为一名军官。但这条路也走得并不顺，他两次考试都名落孙山。哈罗公学的校长推荐丘吉尔到詹姆斯上尉那里去补习功课。詹姆斯上尉开办了一所补习班，给那些想投考桑赫斯特军校但成绩较差的学生提供补习。这种"快餐"式的补习还是卓有成效的，丘吉尔应付考试的能力大为提高，最终如愿以偿考进了桑赫斯特皇家军事学校。丘吉尔在回忆自己的这段生活时，有过极为生动有趣的描述：

在几乎是全校最后一名的同时，却又成功地通过了军队的征兵考试。我也正是遇到了好运——在考试中，将要凭记忆绘某个国家的地图。在考试的前一天晚上，我将地球仪上所有国家的名字都写在纸条上放进帽子里，然后从中抽出了写有"新西兰"的那一张。接着我就大用其功，将这个国家的地理状况背得滚瓜烂熟。不料，第二天考卷中的第一道题就是"绘出新西兰地图"。我开始了军旅生涯。这个选择完全是由于我喜欢收集玩具锡兵的结果。我小时候有近1500个锡兵，组织得像一个步兵师，还下辖一个骑兵旅。我的弟弟杰克统领的则是"敌军"。但是我们制定了条约，不许他发展炮兵。这非常重要！是小锡兵改变了我的生活志向……

几十年后，丘吉尔已是一位成功的政治家和作家。他做过记者，做过海军大臣，做过英国首相，还得过诺贝尔文学奖。

有一次，丘吉尔在一个星期日邀请了一些年轻人，安排了一次小型午餐会。

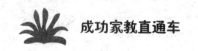
有一位先生提问："你的经历中充满了冒险和成就，这是一个奇迹。你过去犯的错误和失去的机会是什么？"

"22岁以前我不爱学习。我有效的教育几乎完全是军事方面的。后来我希望进牛津大学，却没能实现我的愿望。"

"如果重新生活，你会谨慎地从事一切吗？"

"我想我不可能一开始就懂得谨慎的意义。到20岁时我才开始谨慎地生活。25岁是人生最好的年华，整个世界在你面前。我不愿意再回到中学时代，我从来不喜欢中学，这是我的缺点。在中学里，我的学习、体育都不行。我也不喜欢那些刻板的规则。"

"难道你可以一下子跳进大学？"

"是这样。男孩子必须能够选择自己的道路。我从父母那里得到的只是我的名字而不是财产，我必须寻找机会。我的特殊不是继承来的，而是我通过拼搏争取来的。在我22岁时，我的军饷根本不够花，所以我不得不靠借贷度日。这使我无法按照自己的意愿去生活。于是我开始奋发图强，集中精力投入学习，以争取自主。我懂得没有钱就没有自主，只有争取到经济独立才能真正自主。我工作、读书、写作、画画，我记不得有哪一天是闲散的。直到今天，我从不肯白白地放过一天……"

没错，这正是人们眼中那个"无法无天"的丘吉尔，但这个标签很快会被换下去，因为，丘吉尔所创造的奇迹俨然已经使人们忘记了曾经的"坏孩子"。

金玉良言

> 不用担心自己的孩子会永远"坏"下去，也不要总是抱怨孩子的种种"劣迹"，因为那都是孩子成长过程中暂时出现的"沧海一粟"。如果我们能善待他们，关爱他们，激发他们的自信和自尊，开发他们的潜能，他们很快就会摘掉"坏"的标签。

二、爱争辩不是坏事

孩子渐渐长大，也渐渐有了自己的想法，与父母的分歧就会日益增多，由此引发争辩是很正常的事情。遇到批评，不少孩子会争辩几句。孩子爱争辩，几乎是普遍现象。很多父母对于孩子这种"不听话"的行为都很愤怒，一旦孩子争辩，就会呵斥、责骂孩子。有的父母觉得孩子的争辩是不听话、不孝顺的表现，其实，这种看法有些太严重了。如果孩子争辩的时候，你总是疾言厉色地加以抑制，长此以往，他就会产生对抗情绪，对你不信任，以至于彼此沟通困难。仔细想一想，孩子爱争辩恰好说明他的独立意识在逐渐增强。

事例一：

小文放学回家后总是先看电视，然后再和小朋友打一会儿球，快到睡觉时才想起写作业，因此总要熬到很晚才能睡觉，第二天早晨起不来床。

于是，妈妈早晨上班前总要对他说："放学后要先写作业，写完作业再看电视或同小朋友玩。"

可是小文一回家就忘了妈妈的话，书包一扔就开始玩起来，等妈妈回来后，他才想起写作业的事。

妈妈说："难道你又忘了我早晨对你说的话了？"

小文便说："我在深夜时的学习效率更高。"或者说："白天外面太吵，我没有办法思考。"

专家认为，孩子与父母争辩是一种自信、自立、自尊、自强的表现，是一种心理的宣泄。争辩表明孩子在走自己的路，开始有自己的决定。如果你仔细听听孩子的话，就会发现他们找的理由有一部分自信在里面，即便这可能只是他一时的托词。

德国儿童心理学家认为，能够同父母进行争辩的儿童，在以后会比较自信、有创造力、合群。汉堡心理学家安格利卡·法斯博士证实："隔代人之间的争辩，对下一代来说是走上成人之路的重要一步。"

由此看来，孩子争辩的行为中确实隐含着很多积极的信息。当他争辩、挑衅的时候，就是在试验他能力的极限在何处，让他知道自己的能力有多强。而且，父母与孩子争辩，还可以让孩子弄清是非曲直，学习一些知识，了解自己的能力，养成实事求是、坚持真理、以理服人、平等公正的好品质，形成好的人格。所以，家长要正确对待。

显然，不让孩子争辩的做法并不可取，作为家长，我们要给孩子争辩的权利，欢迎他们争辩，这样做并不会丢父母的面子。在与父母争论的时候，如果孩子觉得你是正确的，是讲正义、讲道理的，他们会打心眼里更加爱你、信赖你、尊重你。你要孩子做的事，他通过争辩弄明白了，就会心悦诚服地去做。所以不必担心孩子从此后会不听话，不尊重你。

如果不让他们争辩，他们就会觉得你不讲道理，也会学你，变得不讲道理。要知道，父母的一举一动，孩子们都会看在眼里。所以，我们为什么还要反对孩子们争辩呢？

事例二：

卢卡斯想和同学去商业街逛逛，可是父亲担心他的安全，便拒绝了他的请求。卢卡斯很生气，便找父亲理论。

他对着正在看报的父亲大声喊道："你这样太不公平了！为什么我不能去？"

父亲拿着报纸，严肃地说："这个话题就到此结束吧。"

卢卡斯抗议道："为什么我不能去！戴维可以！麦克斯可以！甚至比我小的汤姆也可以！为什么不让我去？"

父亲依然不争辩，说："这个话题已经结束了。"

卢卡斯继续说着自己的道理："你可以给他们的爸爸妈妈打电话！他们会告诉你那儿很安全。真是搞不懂你到底在担心什么呀！难不成你认为商业街上会有人向我开枪吗？"

然而，父亲依然说："这个话题已经结束了。"

卢卡斯越来越不耐烦了，他说："你就会这么说！我知道你就会说这句话。这个话题已经结束了，这个话题已经结束了……"

父亲没有理他，翻一页报纸，接着看下一版。

"不，"卢卡斯突然叫道，"我一定要去！"

父亲拉住了他，把他锁在房间里，于是，他继续闹。整整一天，卢卡斯一家都没有安生。

为什么要拒绝孩子的争辩？当孩子与你争辩的时候，说明他正试图和你讲道理，如果你不给他争辩的权利，他就会学你，也变得不讲道理。

金玉良言

　　孩子的成长历程是各种能力积累的过程，当孩子某种能力觉醒的时候，他们急切地想去尝试，家长如果一味压抑这种欲望，只会适得其反。当孩子开始争辩的时候，正是他们独立意识产生的时候，家长应该呵护孩子的独立性，学会接受他们的争辩。

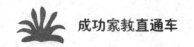

三、读杂书不是不务正业

自孩子诞生之日起，家长就负有教育孩子的义务和责任。然而，如今越来越多的家长的管制陷入误区，一味追求考试分数的同时，无意识地束缚了孩子知识面的拓宽。最明显的表现就是不给孩子读课外书的自由。有的家长甚至以为，课本以外的书都是没有价值的。事实上，一个人小时候书读得愈杂，日后的知识面往往就愈广。著名主持人白岩松学生时代就是个不爱读课本的学生。

事例：

从识字开始，白岩松就是一个杂书的"狂热分子"。

20世纪80年代，文学热席卷全国。《人民文学》《收获》这些纯文学期刊，都达到了百万份的发行量，白岩松的中学时代就是在这样的时代背景下度过的。

在那样一个"书店里有书也没钱买书，更没有电脑和网络去看书"的年代，白岩松所在的城市有两个图书馆，为了能读到书，他便拿着母亲的借书证，频繁穿梭其中。这个在当时"只比柜台高出半头"的男孩已经开始嗜书如命了，"一个借书证已经满足不了我读闲书的频率了！"

当时，母亲每把新的《十月》《当代》拿回家里，白岩松就抢着去看。他还依稀记得，当时尤爱科幻小说，比如《小灵通漫游未来》《飞向人马座》以及凡尔纳的《海底两万里》，还有中篇和长篇小说，比如《高山下的花环》，等等。

当然，爱读书和他的家庭氛围也分不开。白岩松的父亲、母亲、姑姑、舅舅以及舅妈都是教师，非常喜欢读书，而且对他读什么书，从来也不干涉。

培养孩子爱读书的兴趣和习惯有助于引导孩子对学习产生兴趣。书不是只有课本，况且，课本只能算是我们学习知识的工具书。

不少家长不让自己的孩子读课外书，或是闲书，并不能帮助孩子提高学习质量，事实上是更不利于孩子学习成绩的提高。正如白岩松所言，"不从闲书进，无法从正书出"——一上来就读正书，孩子读不进去，没有乐趣，慢慢地，他就视读书为畏途，就不想走进去。

当出现孩子读课外书的情况的时候，家长应该做的不是限制，而是及早发现孩子在阅读上的特别兴趣或特别需要，促成孩子良好阅读习惯的形成，教给孩子正确地阅读课外读物的方法以及选择好书的原则，循序渐进地培养孩子爱读书、多读书、读好书的习惯。一句话，一定要因势利导，采取适宜的方式，给孩子一个丰富、正确的阅读人生。

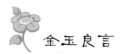 金玉良言

要知道，世界上没有所谓的"闲书"，如果一定要将课外书定义为闲书的话，那也一定要读。因为只有孩子们觉得有意思的书，他们才会去读、去看，也才能真正养成读书和聆听的习惯。

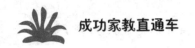

四、看重"坏孩子"

卢梭在《爱弥儿》中提到，要尊重儿童，不要急于对他们作出坏的评判。然而一些太调皮、不听话的孩子，经常会因为做出叛逆的事，被老师另眼相看，扣上"坏孩子"的帽子。在老师的不同态度和同学们的孤立、讽刺之下，他们甚至会"破罐子破摔"，做出更"坏"的事情来。

在乌鲁木齐发生了一件发人深省的事情。

事例一：

20多个被学校教育放弃的"坏孩子"，竟然自动承担起照顾一个流浪儿童的责任。他们给一个无家可归的流浪儿找了一个住处，轮流带食物给他吃。为防止他被人贩子拐卖或者被坏人教唆，大家轮流陪他过夜。此事大大震撼了这些"坏孩子"的家长，促使他们感到，孩子并不是被说得那样"坏"，并不是"无药可救"，由一位名叫小龙的妈妈发起，经过民政部门批准，这些孩子的妈妈成立了"心康少儿兴趣研究开发中心"，简称"坏孩子妈妈联盟"，编写专门教材，抛开以往简单粗暴的教育方法，在尊重孩子天性的基础上谆谆诱导，慢慢地，她们高兴地看到，孩子变好了。

事实上，每个孩子都拥有善良的天性，只是"坏孩子"的帽子掩蔽了他们的爱心、同情心和上进的光芒。尽管坏孩子们被学校教育所抛弃，但他们在遇到那个流浪儿时，仍然能用爱去帮助他。

每个孩子的内心都蕴涵着勃勃生气或才气，简单地斥之为"坏孩子"，是对孩子人格和成才信心的残酷摧残。母亲作为带给孩子生命的人，绝不能把自己调皮的孩子不分青红皂白地予以否定。

事例二：

自从母亲死了以后，他变成了一个调皮的孩子。只要谁家的牛走失了，或者是后院的树莫名其妙被砍倒了，大家都认为是他做的坏事。甚至父亲和哥哥都是这么想的。渐渐地，他也变得无所谓了。

有一天，父亲打算第二次结婚，家里的孩子们都担心新妈妈会是什么样子。他也打定主意，不把新妈妈放在眼里。新妈妈终于走进家门，来到每个房间，愉快地向孩子们打招呼。当新妈妈走到他面前时，他像枪杆一样站得笔直，双手交叉在胸前，偏开头看着一边，一点欢迎的意思也没有。

新妈妈回头看了父亲一眼，眼里有些疑惑。

"这就是我跟你说的那个孩子。"父亲懒洋洋地说，"全家最坏的孩子。"

仿佛是为了印证父亲的这番话，他冷冷地瞪着新妈妈，满脸的倔强。

然而，令他猝不及防的是，新妈妈说出了一番让家里所有人都吃惊的话，包括他自己。她把手放在他的肩上，看着他，眼里闪烁着光芒："最坏的孩子?"新妈妈说，"一点也不，他是全家最聪明的孩子，我愿意拿出我所有的积蓄跟你赌一赌。"

20 年以后，他成了一位著名的企业家和思想家，他就是戴尔·卡耐基。当有人问他成功的力量来自何处时，他自豪地回答："是妈妈赐给了我无穷无尽的爱！"

我们应该相信：世界上只有一种孩子，那就是好孩子，或者是正准备做好孩子的孩子。只培养"低头顺眉"、"唯唯诺诺"的好孩子的教育方式显然是失败的。

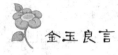
金玉良言

孩子的天性是有差异的，不能也不应把孩子都教育成一模一样的人。坏孩子自然有需要引导的地方，但方法上不应该简单粗暴，要让孩子精神上的自由和自重得到充分尊重。

五、"坏孩子"是被骂出来的

在家长制的长久影响下，父母容易把孩子视为私有财产，所以普遍认为自己有权规划孩子的未来发展，或者认为孩子不值得信任，只有用权威、严厉才可以管教好孩子，才能让他们有出息。于是，一些不好听的话经过长期积累，就会严重影响孩子们健康成长的，甚至使孩子的成长之路与父母、老师的教育初衷背道而驰。

事例一：

小刚妈妈告诉心理医生说："我生小刚的时候不太顺利，医生不仅给孩子吸了氧，还说我孩子以后可能会出现智力问题。他今年 9 岁了，和一般的孩子不太一样。我担心他有智力低下的问题。"小刚妈妈越说越激动，"我已经带他看了七八家医院，也做了很多检查，就是没有查出什么毛病。"

结果测定，小刚智力水平完全正常，根本不存在智力低下的问题。之所以会出现学习困难，很大程度上是小刚妈妈这张乌鸦嘴长期对小刚进行不良的心理暗示，而小刚妈妈又是接受了医生那张乌鸦嘴所说的"这孩子可能会出现智力问题"的不良心理暗示。种种不良的潜移默化的心理暗示，造成了小刚生活和学习上的困扰。

有的老师从孩子上学开始，就在班级讲台上对学生评头论足："你好笨啊，这么简单的问题你都答不出来，你长的是猪脑子，还是肩膀上扛着块砖头？"这样的话从老师嘴里说出来，既伤孩子自尊，又暗示孩子笨得可以。

类似的现象屡见不鲜，对孩子的影响不能算小。其实，这种现象在心理学上叫心理暗示。所谓心理暗示，就是指人接受外界或他人的愿望、观念、情绪、判断或态度影响的心理特点。心理暗示是人或环境以非常自然的方式向个体发出信息，个体无意中接收这种信息，从而做出相应反应的一种心理现象。从接收主体来说，暗示可分为自暗示和他暗示两种。自暗示是指自己接受某种观念对自己的心理施加某种影响，使情绪与意志发生作用。"三气周瑜"是自暗示使周瑜葬送了性命。他暗示是指个体与他人交往中产生的一种心理现象，是别人使自己的情绪和意志发生作用。"蒋干盗书"则是接受了他暗示而招致祸端。

心理学研究表明，一些比较敏感、脆弱、独立性不强的人，很容易接受心理暗示。一个人如果长期遭受消极和不良的心理暗示，就会对他的生活产生恶劣的影响。然而，让人痛心的是，这些给孩子施加不良心理暗示的人恰恰是被暗示者最爱、最信任和最依赖的人，如父母或老师。长此以往，不仅会给孩子成长造成巨大的心理障碍，更有甚者会葬送孩子一生的幸福。

其实，每天我们都会不断从自己或他人那里接受暗示。这些心理暗示有时会给我们带来愉悦和信心，有时又使人郁闷不安，苦恼万分。消极的心理暗示对孩子的成长所起的恶劣影响很可怕。因为暗示往往是用含蓄、间接的方式对别人的心理和行为产生影响。暗示作用也往往会使别人不自觉地按照一定的方式行动，或者不加批判地接受一定的意见或信念。

所以笔者坚信，"坏孩子"是骂出来的。然而，有的父母更认为不打不成才，只有让孩子身体上体会到痛，他们才能成长得更好。这是一种错误的观念。

事例二：

小晴长得高大，体质好，妈妈就认为她这样的孩子应该懂事，应该第一批戴红领巾，应该当中队长，应该……从来没想过自己应该怎样教育和引导孩子向这个目标走。结果学习没提高，各种毛病被"压"了出来，爱说谎、不做作业、心情急躁、对别人的意见特别敏感、易怒、自暴自弃……尤其是读五年级时，成绩急剧下降，期中数学考试93分，期末只得77分。

小晴的退步，使妈妈的惩罚加剧了，除了在家打骂以外，还让她在学校"丢人"，让同学不和她玩，羞辱她以令她反省。结果适得其反，她对妈妈的恨越来越深。有一次她向父母坦言："妈妈你以为你能把我打好？能要我好好学习？其实我觉得考好考坏都一样，只要我犯一点错误，你还会打我的，反正我是坏孩子。"孩子的自尊心被打没了，而妈妈却到处讲她："没心没肺，没一点自尊心。"

教育家苏霍姆林斯基说："假若孩子体验到体罚的可怕和震惊，那么在他的心灵里，那种内在的自身天赋的，作为自我教育的力量就减弱了。体罚越多、越残酷，那么自我教育的力量也就越薄弱。"打孩子简单易行，又能立竿见影地看到孩子的变化，同时宣泄了自己的情绪，殊不知，这种简单粗暴的教育方法显示了父母的无能，它足以摧毁孩子的自信。

 金玉良言

　　为人父母，必须透彻地了解自己的一言一行对孩子造成的影响，必须掌握健康的、积极的教育方法，为孩子的健康成长保驾护航。

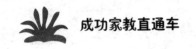

六、"破坏"行为没有那么可怕

　　曾经有一个孩子把母亲刚买回家的一块金表当成玩具玩耍，结果把金表摆弄坏了。母亲就狠狠地打了孩子一顿，并把这件事情告诉了孩子的老师。没想到，这位老师却惋惜地说："你可能枪毙了一个中国的'爱迪生'啊。"

　　这位母亲不明白老师的意思，老师就告诉她："孩子的这种行为实际上是创造力的表现，你不但不应该打孩子，反而应该解放孩子的双手，让孩子从小养成多动手的习惯，多给他创造一些动手的机会。"

　　这个故事发生在 20 世纪的中国，故事中的老师就是著名的教育家陶行知先生。好奇是孩子的天性，这种天性也是促使其能力发展的肥沃土壤。然而，对于孩子的破坏行为，家长们常常会比较生气。不过也难怪，原来好好的东西，孩子们三两下子就给破坏了。家长有没有想过，孩子们这些"破坏性"的举动背后或许还隐藏着某些方面的才能呢？如果每一位家长都未能正视孩子的这些破坏行为，都采用棍棒教育，那么也就不会有这么多的"天才"了。

事例一：

　　有个小男孩十分调皮、好动，四五岁的时候，有一次他趁父亲不在，溜进书房玩。

　　当他看到书桌上放着的一瓶瓶墨汁时玩兴大起，他拿着毛笔蘸满红墨汁，东寻西找，最后在客厅通往书房的墙壁上找到了空白的地方——他决定在上面作画。

片刻之间，一个个小圈圈组成的小人儿跃然墙上。正当男孩画得不亦乐乎，并为自己的大作沾沾自喜的时候，他的父亲回来了。

父亲推开门进来，看见儿子正拿着毛笔微笑地看着他，他有些纳闷地左右一看，天哪，客厅与书房之间的墙面上画满了小人儿！

看到雪白的墙面被涂得脏污不堪，父亲心中一股怒火腾地蹿了上来，他转身呵斥道："这是你干的好事？"

男孩一看父亲的脸色不对，便知形势不妙，连忙扔了毛笔转身拔腿就跑。

父亲早防着男孩要跑，大手一探，便把男孩抓住了。男孩心中害怕，脸色吓得惨白，心想：坏了，这次爸爸一定会狠狠地揍我。

男孩正胡思乱想之时，父亲说话了："你要涂画也要找个合适的地方啊，这样随便乱画就应该揍你一顿，不过，念你是初犯，这次就饶了你。"

男孩听了默默地低下了头。

父亲看男孩的样子知道错了，便换了种口气，语重心长地说："你要做什么就对爸爸讲，你要画画，爸爸就给你买画画的用具。你不能这样乱画啊，你看白白的墙壁被你涂得乱七八糟，房子里面也没有原来亮了。"

听了这番话，男孩惭愧地说："爸爸，我错了。我会把墙面上的画弄掉的。"

不久，父亲就给男孩买了一块小黑板和一些粉笔。男孩喜出望外，从此，这块小黑板就成了他艺术想象力自由驰骋的天地。这个调皮捣蛋的男孩长大以后竟然成了著名的漫画家，他就是蔡志忠。

从这个故事中，我们看到了一种对待孩子破坏行为的教育方法，这种教育方法就是把"惩罚孩子的破坏行为"变成"成全孩子的艺术天才"。假如蔡志忠的父亲一气之下痛打儿子一顿，而没有给他买小黑板和粉笔，那么也许这位天才的艺术家就会因此而夭折。

面对孩子的"破坏性"，家长一定要放下"棍棒教育"，客观地分析其动机，在尊重、鼓励其探索能力的前提下，对孩子的"破坏性"行为进行正确的引导。实际上，孩子的"破坏性"背后隐藏着很多天赋：探索能力、创造能力、思维能力、动手能力……如果家长用正确的方法引导，孩子一定会在某些方面表现出特

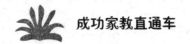

殊的才能。

事例二：

小明汉从小不喜欢汽车、手枪等男孩标志性的玩具，而单单对玩积木着迷。但是，这个小家伙很专横，他不喜欢别人用积木搭的建筑，常常会把别的同学盖的"大楼"推倒，然后再帮人家设计一座"宫殿"。因此，很多孩子就会找小明汉的爸爸打小报告。

针对儿子的这种破坏行为，小明汉的爸爸没有过分地批评，而是一点点地把孩子的爱好引向了正路。比如，经常有意识地带儿子去参观各种风格的建筑；跟他一起做搭积木游戏，并比赛看谁搭得又快又别具风格……这些正是小明汉所喜欢的。在爸爸的支持和引导下，小明汉渐渐地对那些"小房子"着了迷。从此，研究设计和搭建"小房子"就成了他的业余爱好。

让人欣喜的是：在一次比赛中，小明汉设计的建筑竟然获得了特等奖。由此开始，小明汉有了自己的理想，他决定长大以后做一名出色的建筑师。

对于孩子的"破坏行为"，作为家长的你应该保持平心静气，把孩子的"破坏性"引向正途，并努力发掘他们的才能和天赋。家长采取积极的手段，把孩子"破坏性"背后的天赋引导出来。这是教育孩子改正错误、提高他们竞争力的好办法。

 金玉良言

在好奇心的促使下，孩子们的每一个举动都是有原因的。做父母的千万不可小瞧孩子的"破坏行为"，要采取正确的方法进行引导，让他们的探索能力在认同和肯定中得到充分发挥。

第三章

"出格"的行为另有意义

　　青年的敏感和独创精神，一经与成熟科学家丰富的知识和经验相结合，就能相得益彰。

——贝弗里奇

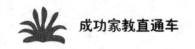

一、从"怪孩子"到亿万富翁

以一般眼光看，好像只有学习、成绩好的孩子才能有出息。眼里只盯着孩子的分数，不能容忍孩子的调皮、捣蛋，不能原谅他们的怪癖。还一味地要求孩子不管基础如何，都要全心全意学习、读书，否则就是批评、指责，而全然不顾孩子的兴趣、爱好、特长是否在学习书本上。其实，每一个孩子都有自己的特长，"天生我材必有用"。现在学生年龄小，他们不知道学习的重要性，再加上他们的爱好与特长不在于此，所以一部分孩子不喜欢学习，但是一味地责怪就让他们爱上学习了？他们缺少的不是批评，而是理解、鼓励、宽容！我们之所以一味地批评、指责他们，原因在于我们一直以为他们不是"好孩子"。

事例：

乔布斯自幼就是一个对电子科技有很高天赋而且有浓厚兴趣的孩子。随着年龄的增长，他身上也表现出了很多别的孩子不同的地方：喜欢恶作剧、叛逆，曾经多次被停课，养父母经常被请到学校。十七八岁时，他突然成为素食主义者，只吃蔬菜和水果。更要命的是，他竟然因此不洗澡，原因是他说自己吃素，不脏，所以不需要洗澡。一年四季除冬季穿一双拖鞋外，都是光脚跑来跑去。性格刚愎，喜欢控制别人，不愿意被别人控制，不合群，没有多少人愿意和他共事。综合这些因素，所以，他最初上班的公司被迫安排他上夜班——没有人能容忍他的这些怪癖。但是，就是这样一个人，成了科技奇才，造就了一个商业神话，扶植起了苹果帝国。更可贵的是，在他死后，苹果还走在他规划的路上。

乔布斯成功的因素有很多，但是笔者觉得他成功的一个最重要的因素就是他生活在宽容之中。他的养父被老师请到学校还义正词严地说："不是我的孩子有问题，而是你们有问题！"公司的同事不愿意和他一起上班，他的老板却很欣赏他，安排他上夜班；他的性格倔强，刚愎，但是他的伙伴们愿意妥协，甚至委曲求全。如果周围的人不欣赏他，不容忍他，他能否成功？他周围的环境为他提供了自由的土壤，正因为这样，他的个性得到充分张扬，才能得到有益发展。

不要以为孩子的年纪小，不学习还能干什么，我们这个小地方除了学习还能让孩子展示什么。陶行知先生说过："当心你的教鞭下有瓦特，你的冷眼里有牛顿，你的讥笑中有爱迪生！"实际上，如果我们把孩子们看成一个个爱迪生、乔布斯、爱因斯坦，即便不是这些大人物，就是我们周围的邻居修车老板陈哥，理发老板荣荣，小书店倪老板，我们还会批评指责这些可爱的孩子吗？这些小老板也许上学时的成绩都不好，但是他们现在自食其力，凭自己的双手不是过着富裕的生活吗？

不要奢求孩子们个个成为像乔布斯一样的人物——即便是乔布斯，不也曾经是个行为怪异的"怪孩子"吗？全球几十亿人不就他一个吗？当然，全球几十亿人，而自己的孩子也就这一个，独一无二。如果我们培养的孩子个个都能成为各行各业中的能手：优秀售货员、配钥匙能手、送水工……这样的教育不也是成功的吗？

金玉良言

> 要知道，世界上每个人都是独一无二的，每个人都只能成为自己才是对社会的最大贡献。不要揪住孩子的"怪"毛病不放，也许，这正是自己的孩子人生的独特色彩呢！也许，自己的孩子就是下一个乔布斯呢！

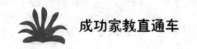
二、善待孩子的"奇思妙想"

现在孩子的生存、成长环境，无论是家庭还是社会，都和他们父母小时候不一样了。他们接触社会、新事物更早、更广泛，他们面对的世界更精彩。这就使他们更容易产生好奇心，容易突发奇想，有意无意地做出一些出格的事情来。这些"离经叛道"的孩子往往不为人所喜欢，有专家表示：面对孩子的诸多出格行为，如果父母将其简单地看成越轨、破坏纪律而加以批评和限制，可能就会把一些孩子的主动性和创造性扼杀在萌芽状态；反之，如果父母能够正确地对待孩子的"出格"行为，对他们加以正确地引导，调动他们的主动性和创造性，培养他们的创造精神和战胜困难挫折的勇气，那么在"出格"的孩子们中间一定会出现更多的人才。

事例：

一次美术课上，十岁的伊雪想了好长时间才开始动笔，一出手就画了半只鸭子！陪孩子画画的父母看见一张大纸上什么都没有，却在画纸边上只画了半只鸭子，都觉得不可思议，开始七嘴八舌地议论起来："怎么只画个鸭屁股呀？这孩子怎么乱画呢？好好一张纸不画，画到边上干什么……"伊雪妈妈也说："你看人家画得多好！你看你！""哪有画半只鸭子的呢？怎么能画这么不完整？都到纸外面去了。把纸翻过去重画吧！"

老师赶紧过去看了看，说："让孩子画完，不要着急！孩子一定有她自己的想法！"

果然，伊雪下笔后，似乎胸有成竹，很快完成了那幅画。老师让她给大家讲讲画的内容，伊雪简单地讲了一下她画的故事："鸭妈妈和鸭孩子出去玩，走散了，小鸭去问青蛙妈妈：你好！你看到我的妈妈了吗？青蛙妈妈没看到。小鸭又问乌龟姐姐：你好！你看到我的妈妈了吗？乌龟姐姐也说没看到。最后小鸭终于找到了自己的妈妈。原来，妈妈去找妹妹了！妈妈带着小鸭和妹妹一起去了游乐场！"

这时，大家才明白，原来那画面上的半只鸭子，是跟着妈妈的小鸭子。妈妈和妹妹已经走出画了，而小鸭子才走出去一半。

看着画，老师为孩子的创意感到欣喜，伊雪的妈妈也感到震惊。

对于一个十岁的孩子来说，做的事情虽然出乎父母的意料，可是这样丰富的想象力，是多么宝贵啊！

强烈的"出格"思想对孩子的成长是有害的，但孩子的"出格"思想也有其不可忽视的积极因素。比如：有利于孩子独立性的发展和开拓个性的形成。孩子产生"出格"思想，实质上是他们心理上发生巨大转变的表现，他们不再像儿时那样依恋父母，也不再把父母看做"至高无上"的"权威"。对于常规也产生了"突破"的欲望，表现就是不再像过去那样的听话、顺从，而是勇敢地冒险。有时孩子的"出格"思想是针对传统思想的束缚而产生的。传统观念认为是这样的，他们却偏偏认为是那样的。虽然有时可能"钻牛角尖"或失之偏颇，但更多的时候，他们在试图独辟蹊径，从其他角度来观察和分析问题。这是他们求异思维的表现。

现代社会充满着竞争，从小培养孩子好胜、敢闯的心理素质，有利于其形成开拓、进取的个性。对于孩子们"出格"的心理，如果能悉心保护，正确引导，将对其独立创造性的发展有很大帮助。

所以，一个合格的父母应该能够正确认识和对待孩子的"出格"，并积极引导孩子，使其朝着富有建设性的健康方向发展。

那么，父母应该如何正确对待孩子"离经叛道"的行为呢？教育专家为广大父母们提供了如下对策。

1. 正确理解孩子的"出格"

父母要知道，孩子的一些"出格"行为，其实是对自己生理心理成熟的一种

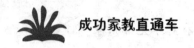
尝试性反应，绝大多数并非父母所想象的那样，孩子并不是真的学坏了，只是个体成熟的心理反应而已。

2. 正确应对孩子的"出格"

父母发现孩子的"出格"行为时，的确需要表明态度，但要特别注意方式方法。父母应该给孩子一个平等对话的机会，避免因为简单粗暴而伤害孩子的感情，甚至激发孩子的逆反心理，推动孩子走向父母希望的反面。

建议父母在这个时候可以采取"主动式聆听"，最好由父亲来处理儿子的问题，母亲来处理女儿的问题，这样共同语言会多得多。父母可以坐在孩子身边，主动和孩子聊聊这方面的问题，可以告诉孩子自己在这方面的一些经验和体会。

3. 用沟通交流走入孩子的心扉

交流、沟通是走进孩子心灵的最好方法。面对"出格"的孩子，和他们进行良好的沟通是引导他们的必要前提。每个父母都应该提高自己和孩子交流沟通的能力，只有如此，才能够走进孩子的心扉，摸透孩子的想法，才能采取具有针对性的、高效的教育方法。作为一名合格的父母，一定要敢于接受孩子的"出格"，要能够善待孩子的"出格"行为，要善于引导孩子走向精彩的人生。

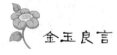

金玉良言

　　"离经叛道"的孩子往往具有较强的开拓精神和超凡的创造力，他们的奇思妙想往往也蕴涵着自己特殊的想法。如果父母抱着教育孩子改正错误的美好愿望，一厢情愿地采取一些错误的方法来教育孩子，只能得到错误的结果。

三、因为"离谱"所以敢于突破常规

众所周知，儿童期作为一个特殊时期，发散性思维异常活跃，往往出现不懂就问现象，提出的观点天真单纯、富于幻想、超乎逻辑，在成年人看来显得幼稚可笑。

某电视台的少儿节目主持人问小朋友："大雁为什么飞成一条线？"孩子们抢答道："因为它们怕回家迷路！"笔者不禁惊讶于孩子们奇特的想象力和超常规的思维方式。然而主持人却说道："回答得不妙！"

的确，从成人的眼光看，当孩子打破我们十几年甚至几十年的思维方式时，结论有时确实让我们感到可笑。但从另一个角度看，每个孩子对周围的事物和现象都会感到新奇，头脑中充满各种疑问，也充满着各种奇怪的想法。当孩子表达出自己的一些奇特想法的时候，作为家长的我们应该把这个想法看做一个创造性的回答，并加以呵护。如若我们不转变思维方式，一味地否定孩子的"离谱"想法，甚至用犀利言辞将孩子的奇特想法"一棍子打死"，那么一株想象力的春芽就会被成人的理性化思维无情地扼杀。

事实上，正是思维"离谱"和"异想天开"的孩子，才是最有创造潜力和发展前途的。人类历史上，许多伟大的科学发现或发明都来自科学家的思维"离谱"或"突发奇想"。如小瓦特正是有了"为什么蒸汽能把壶盖顶起来"的思考，才有了后来蒸汽时代的到来；莱特兄弟正是有了"人能否长上翅膀，像鸟一样在天空中飞翔"的异想，才有了人类遨游天空的现实……

然而令人遗憾的是，由于不少家长对怎样培养孩子存在偏见，他们总以为孩子整天读呀、写呀、背呀，考个高分才有前途。当孩子提出过于"离谱"的问题时，经常显得不耐烦，甚至责备、嘲笑孩子，殊不知这样一来往往会挫伤孩子的自信心，久而久之孩子遇到迷惑不解的问题时，很可能不敢发问或不愿发问。智力发展也会受到一定影响。其实，按照循规蹈矩的模式培养出来的孩子，对知识的理解往往过于刻板、机械、缺少创新。

因此，家长应善待孩子的"离谱"，合理引导，使孩子敢想敢说，这对孩子今后的成长会产生积极作用。

 金玉良言

　　　每个孩子都有好奇心，喜欢提问题，喜欢迸发一些奇怪想法。其实，每个想法都是思想火花的一次闪现，家长应该善待孩子的"离谱"想法。

四、谁说天马行空的想象没有意义

爱因斯坦曾经说过："想象力比知识更重要，因为知识是有限的，而想象力概括着世界的一切，推动着进步，并且是知识进化的源泉。"在智力要素中，观察力、记忆力、思维力的主要作用是获取知识，想象力的主要作用是创造新知识。可以这样说，想象力是智力活动的翅膀，它能有效开发孩子的智力，是一种强大的精神力量。

事例：

涛涛是一个聪明的孩子，从小就喜欢闯祸。

记得有一次妈妈买回了几条漂亮的金鱼，可是第二天下班回家后却发现鱼缸里的水都变成了深蓝色，金鱼在蓝的水里已经变得奄奄一息。妈妈一看就知道又是涛涛的"杰作"，她十分生气地质问涛涛为什么要这么做，涛涛振振有词地说："我是担心小金鱼们想念大海，所以才把蓝墨水倒进鱼缸里，让它们不再想家。"妈妈被涛涛的怪想法弄得哭笑不得，训斥了涛涛几句就赶紧去"抢救"小金鱼了。

晚上，妈妈检查涛涛的作业本，发现涛涛有张得了满分的画，上面居然画的是一棵长满了蓝色苹果的苹果树。妈妈十分不解，第二天送涛涛去幼儿园时，询问涛涛老师为什么根本不符合常识的"蓝苹果"会得满分。老师回答说："'蓝苹果'看似不符合常理，但这正是孩子发挥想象力的体现，只要孩子运用丰富的想象力去探索，谁能保证以后'蓝苹果'不会成为现实呢？而且，想象力丰富的人向来都很聪明。只要你们家长善于引导，一定会教育出一个聪明的孩子。"接着老师又指点培养、保护孩子想象力的方法。涛涛妈妈听后，若有所思地点了点头。以后的日子里，只要孩子发挥想象力"闯祸"，妈妈都会给予悉心的教导，让孩子朝着好的方面发展。果不其然，孩子变得越来越聪明了。在家里的时候，听爸爸妈妈的话，从来不做出格的事情；在学校的时候，课堂上积极回答老师提出的问题；遇到困难的时候，总是自己想办法解决。

看到孩子的表现，妈妈欣慰地笑了。

案例中的涛涛像很多孩子一样，有着"怪诞"的想法和"荒唐"的举动。但是妈妈在和老师沟通之后，理解了孩子的想法和做法，并加以引导，最终使孩子越来越聪明。

其实，孩子做出的一些看似"不符常理"的行为，正是他们想象力活跃的表现。作为家长，如果能够理解孩子的种种"荒唐"举动，注重培养和启发孩子丰富的想象力，就可以促进孩子思维的活跃性，从而使智力得到开发。

金玉良言

　　也许有的家长会觉得，我们并不希望孩子当作家，也不想让他们拿诺贝尔奖，也就没必要培养孩子的想象力了。其实，有天马行空想象力的人往往能出其不意，欣赏到别人不曾看到的风景，也更能体会到别人所不能品尝的生命的味道。

五、打破常规的"疯子"

如果仔细观察就会发现，我们周围一些小有成就的人往往都有这样一些特点：具有开创性思维，能在反对声音中坚持自己的意见，善于用逆向思维和跳跃性思维考虑问题，敢于对既定"真理"提出质疑……事实证明，越是"标新立异"的"怪"孩子，越容易有出息。他们既胆大又不乏细心，他们敢作敢为，又有不服输的特质，他们左右逢源又激情四射，他们还有敏锐的洞察力和独一无二的远见，正如比尔·盖茨一样。

比尔·盖茨是有史以来最年轻的世界第一富翁，他是第一个从一无所有、白手起家，在短短20年内创造财产达139亿美元的奇才。他是人类历史上第一个靠电脑软件积累亿万财富的先行者，首先开发利用高科技和高智商，创造巨大财富的典范。

然而有谁能想到，小时候的他被同伴称为"计算机疯子"呢?

比尔·盖茨的童年是在美国华盛顿州的西雅图度过的，西雅图是美国波音公司的基地，全市职工近半数在这家公司工作，所以人们也把西雅图称为波音城。它和旧金山、洛杉矶并列为美国西海岸的三大门户之一。

在20世纪60年代末的西雅图，一群十几岁的孩子每天下午都在湖畔中学外面会合，他们都是这所郊区私立中学的学生。这群孩子的领袖是个不同寻常的学生。他比所有的同伴对计算机都更为着迷，事实上，同学们把他称做"计算机疯子"。13岁的比尔·盖茨擅长数学，格外喜欢编程。

软件似乎是一种可以令他随心所欲的东西，例如，他在为湖畔中学编写学生座次排序软件时，偷偷地加进一些指令，使自己成为班上几乎唯一周围坐满了女生的男孩。如同他在自述这段经历时所说："很难把我和一台能如此明确无误地展示我的成功的机器分开，我已经深深陷进去了。"他陶醉于由于控制那些巨大的计算机而产生的权力感之中，开始摆弄计算机安全系统。

盖茨很快成为计算机安全的行家，不费吹灰之力就能够进入各种计算机系统。他成了一名黑客。外人很难想象，这个长着一副娃娃脸的中学生，只需在一部终端上敲出14个字母，便可以令DEC计算机系统俯首称臣。盖茨开始搞各种各样的电子恶作剧。

盖茨小时候很喜欢看书，看的书多了，想的问题也越来越多。一次他忽然对他四年级的同学卡尔·爱德蒙德说：与其做一棵草坪里的小草，还不如成为一株耸立于秃丘上的橡树。因为小草千篇一律，毫无个性，而橡树则高大挺拔，昂首苍穹。他坚持写日记，随时记下自己的想法，小小的年纪常常如大人般的深思熟虑。他很早就感悟到人的生命来之不易，要十分珍惜。他在日记里这样写道：人生是一次盛大的赴约，对于一个人来说，一生中最重要的事情莫过于信守由人类积累起来的理智所提出的至高无上的诺言……那么诺言是什么呢？就是要干一番惊天动地的大事。他在另一篇日记里又写道：也许，人的生命是一场正在焚烧的火灾，一个人所能去做的，就是竭尽全力要从这场火灾中去抢救点什么东西出来。这种追赶生命的意识，在同龄的孩子中是极少有的。

盖茨所想的诺言也好，追赶生命中要抢救的东西也好，表现在盖茨的日常行为中，就是学校的任何功课和老师布置的作业，无论是演奏乐器，还是写作文，或者体育竞赛，他都会倾其全力，花上所有的时间去最出色地完成。

老师给他所在的四年级学生布置了一篇有关人体的作文，要求四五页的篇幅。结果盖茨利用他爸爸书房里的百科全书和其他医学、生理、心理方面的书籍，洋洋洒洒地一口气写了30多页。又有一次老师布置同学写篇不超过20页的故事，盖茨浮想联翩，竟写出长达100页的神奇而又曲折无比的故事，使老师和同学都十分惊讶！大家说：不管盖茨做什么事，他总喜欢来个登峰造极，不鸣则已，一鸣惊人，不然他是不会甘心的。

比尔·盖茨令人佩服之处，就是他能看到一般人看不到的东西，将洞察力与策略相结合，描绘出独一无二的远见，并付诸行动。

那么，普通的父母又能向盖茨学习什么呢？

1. 打破规矩的"坏孩子"

在学校，盖茨不算好孩子，他爱在课堂上睡觉，在成为一个商业巨人后，依然说话语调尖锐高亢，满口俗话，态度傲慢甚至粗鲁。但盖茨的"坏孩子思维"，更多表现在喜欢打破规矩上，他总是在重建新规则。

2. 远见来自好奇

长大的盖茨有着一张长不大的娃娃脸，许多竞争对手就是被这张面孔所迷惑。历史上，盖茨曾两次凭借先行一步的远见而令对手胆战心惊。盖茨的好奇心甚至体现在他的业余爱好里，1974 年，当盖茨认为创办公司的时机尚未成熟而继续在哈弗大学上二年级时，他开始玩扑克，疯狂地玩扑克和计算机消耗了他的大部分时间，盖茨玩扑克很认真，最后终于成了扑克高手。

3. 有精力才有将来

不少"坏孩子"都有着超出常人的高能量，比尔·盖茨也毫不例外。工作后的盖茨常在夜晚或凌晨向其下属发送电子邮件，编程人员常可在上班时发现盖茨凌晨发出的电子邮件，内容是关于他们所编写的计算机程序。盖茨经常在夜晚检查编程人员所编写的程序，再提出自己的评价。盖茨位于华盛顿湖畔对岸的办公室，距其住所只有 10 分钟的驾车路程。一般情况是，他于凌晨开始工作，至午夜后再返回家。他每天至少要花费数小时时间来答复雇员的电子邮件。

金玉良言

当一个孩子的成就感越多，他就越能感觉自己是一个成功者；成就感越多，他的自信心就越足。作为家长，偶尔打破我们传统的常规，在孩子的教育问题上会获得意想不到的收获，这也是我们从比尔·盖茨的成功中所能学习到的。

第四章
叛逆的孩子不难教

心平气和的、认真的和实事求是的指导，才是家庭教导技术应有的外部表现，而不应当是专横、愤怒、叫喊、央告、恳求。

——马卡连柯

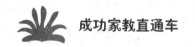
一、叛逆是孩子成长的必然过程

许多父母都感慨道，孩子越大越难管教，什么事都喜欢与自己对着干。你让他看书，他偏要玩游戏；你为他烧了喜爱吃的菜，他又偏说现在喜欢的是另一道菜；当他挑灯夜战苦读，你前去关心他几句，他不仅不感激父母的舐犊之情，反而嫌你烦，让你快点离开。父母有些纳闷：孩子怎么都这么没良心呢？

其实不是孩子变得没有良心了，而是他们正经历着成长中的特殊时期——青春期。这个时期的孩子，最明显的特征就是反叛。

抵触与对抗的情绪对平衡亲子关系及开展正常的家庭教育都是十分不利的。

事例：

广西的石静在高中时，与父母就经常发生对抗性的冲突。在一次吃晚饭时，石静非常兴奋地对妈妈说："任贤齐唱的歌挺好听的。我很爱听。"

妈妈的反应很平淡："不好好学习，听什么歌呀。做追星族，都是学习不好的学生才做的事情。"

妈妈的话刚说完，倔强的石静就喊了一句："我爱听歌，并不代表我就是'追星族'！就算我是'追星族'，也不代表我就没出息。你什么意思啊？总把我想得那么差！"

见女儿没大没小地与自己嚷嚷，妈妈也来气了："怎么，我说的不对吗？你是学生，学生的本分就是把学习搞上去。成绩要是不好，你就是追多出名的明星，也没有人会看得起你！"

石静的成绩一向不好，这一次妈妈的话让她感到很受刺激。她不客气地向妈妈扔了一句话："学习学习，我看我要是书呆子你就满意了！"说完，就冲进自己的房间，"咣当"一声关上了房门。

留下妈妈一个人，愣在了饭桌旁。

一般来讲，孩子进入了青春期，父母也就进入了中年。这个年龄的父母，由于工作、生活压力很大，面对孩子往往会心浮气躁，经常忍不住向孩子发火，而这时的孩子，恰好是叛逆情绪最突出时，父母对他们的方式稍有不当，"对抗"就发生了。孩子与父母各执一词，完全不去考虑对方的想法，只想改变对方，不愿改变自己。

我们都知道，孩子模仿父母是出于本能。因此，父母的行为对于孩子的影响是很大的。假如父母经常对生活中的挫折，采取"以暴易暴"的解决方法，孩子就很容易形成暴躁的性格，对抗情绪就会表现激烈。假如不加调整的话，甚至有可能走上犯罪的道路。

父母应该明白，孩子的叛逆有时只是他们自己的心理同生理状况在作战。他们的心理随着这个年龄段自身生理的变化而变化，第二性征的出现给他们的心态造成了冲击，他们面对自身的变化常常感到不知所措，从而产生了浮躁心态和对抗情绪；同时青春期的孩子往往会有一种想法，就是觉得这个时候的自己已经像个成年人，因此在面对问题时他们常常呈现一种幼稚的独立性，并未成熟的他们会处在反抗期内，不由自主地就想和父母对着干。

反叛与对抗是孩子在成长过程中，必然都要经历的阶段反应，然而，这种情绪对孩子的健康成长是十分不利的。有对抗倾向的孩子，常把自己摆在与他人对立的位置上，既不利于人际关系的良好发展，也会在心理上产生孤独、寂寞感。假如这样的情绪十分严重，又得不到正确的引导及纠正，就很容易使孩子养成畸形的性格。对抗会让他们对任何人都不满意，会让他们以恶劣的态度，对待周围的同学或老师，会让他们失去朋友。而没有了正常的交往圈子，反过来又会加重他们对周围人的敌对态度。这是个恶性循环的怪圈，一旦踏入则很难走出来。

因此，父母必须对孩子的对抗情绪加以重视。作为父母，千万不可只在出现问题时才去责备或管教孩子，平日里的沟通是化解对抗情绪的最佳方法。常常与孩子进行交流不但可以使双方了解彼此的想法，及时消除误会，而且还能沟通感情，融洽关系，建立信任。

在与孩子进行沟通的时候，或许会遇到一些困难，不容易与孩子交心。这时候，父母一定要心平气和，更要放下架子，站在孩子的角度看待他们，与他们平等对话。只有这样，才可能换取他们的理解与信任，才可能变"对抗"为"对话"。

平等对话是十分重要的。很多时候我们之所以觉得孩子的行为不可理喻，就是因为没有站在孩子的角度看问题，因而造成了误会。

消除孩子的对抗情绪，尊重是最好的良方。尊重孩子，意味着父母要认真地听孩子的意见，大人有大人的想法，孩子也有孩子的想法，由于所处的地位不同，这两种想法有时并不一致甚至冲突。为此，我们要给孩子充分发表意见的机会。孩子的意见并不都是荒谬可笑的。吸收其中合理的成分，你会赢得孩子的信赖与拥戴，尊重孩子，也意味着给了孩子一定的自主权。

 金玉良言

青春期的孩子自认为自己已经茁壮到有足够的力量独立，常常会依照自己的意愿行事，不顾及家长的感受。此时家长可以做的就是用爱心来感化，通过交流找到与孩子的共同语言，然后慢慢引导他们走到我们认为适合孩子成长的轨道上来。

二、叛逆不可怕

人们经常听到一些家长的抱怨，"现在的孩子，生活条件越来越好，可是脾气越来越孬，总是不听话，跟你对着干，这到底是怎么回事？"这正是孩子产生了逆反心理。

逆反心理的表现主要有三个方面：不服从老师或家长的教育指导；对社会产生不满情绪，向社会挑战；结成同龄群体，寻找"知音"或"朋友"。

实际上，处于青春期的孩子视野更开阔，自主意识更强，他们已经有了自己评判事物的标准和看待问题的特有角度。这些特有的标准和角度在他们同龄人之间心领神会，但在家长的眼里却是混沌一片。

事例一：

小燕的妈妈很为孩子的教育问题头疼。她找到老师诉说："我和她爸爸都是60年代出生的人。我们根本不明白现在的小孩在想什么，我和她爸爸虽然都是知识分子，但是在和孩子的沟通、对她的教育上，实在是太失败了。"小燕妈妈的话语里有着太多的无奈。

"我们都是从那个困苦的年代过来的，如今生活好了，把大部分时间都倾注在孩子身上，但是这不但得不到女儿的认可，而且她还经常和我对着干，我觉得这孩子真让人伤心。"小燕的妈妈提起自己的女儿眼圈红红的。

但是，和小燕交谈的时候，老师发现这个小姑娘很有自己的一些想法。"我妈妈就会和别人讲，她多辛苦，我多不理解她，可她理解我吗？偷看我写的日记，不让我接男同学的电话，同学过生日，她又死活不让我去，整天唠叨着我的不是，什么都得听她的，凭什么呀？我长大了，才不想被她牵着鼻子走呢。和家长有什么好交流的，结果还不是一样？他们要的只是一个听话的木偶。"小燕把这些话一连串地说了出来。

事例二：

一天，11 岁的赵小成对父亲说："我想把头发一侧剃成双条式。"作为父亲，赵先生并不喜欢儿子留这种发型，但他知道，这并不危及道德以及健康，而且头发会重新生长出来。于是，他对儿子说："我不喜欢这种发型，不过，如果这是你的决定，我会尊重。"

赵先生带着儿子去了发廊，美发师给赵小成洗头的时候还评论他的头发很漂亮，然后赵小成描述了他想要的发型。美发师惊奇地问赵先生："把你儿子头发的一侧剃成双条式行吗？"赵先生回答，他并不喜欢这种发型，但那是他儿子的决定。

就这样，美发师剃去了赵小成一侧的头发，其中保留了两条，并尽量使这种发型在第一天显得好看。可是第二天早晨，赵小成就对他那一侧的头发无能为力了，他的姐妹只好努力给他喷上发胶和摩丝，以使他能出去见人。

那一年，赵小成勉强保留着这种发型，后来又换了七八种更有趣的发型。但上了初中以后，他就开始留传统的发型了，并且再也没有改变过。

许多父母都觉得叛逆的孩子不好管教，而且容易走向歧途。但逆反心理并非一无是处，它虽有妨碍孩子身心发展的一面，但也有很多正效应，甚至包含许多积极的心理品质。

叛逆的孩子一般喜欢逆向思维，他们看问题的视角和平常的孩子有些不同，他们更喜欢用自己的审美观去欣赏周围的世界，通常这样的孩子思维都比较活跃，也会多方面考虑问题。

叛逆的孩子更有主见。叛逆的孩子比较自我一些，什么都喜欢用自己做榜样，我喜欢什么，我愿意做什么，我怎么样，等等，喜欢从自我出发。这样的孩子比较直接，简单做事，有时候这样的性格可以给他们带来很多直接利益。但是看在什么方面了，有时候太过自我未必是好事情。

　　叛逆的孩子自信心比较强。他们一方面很固执己见，另一方面也对自己充满了自信心，感觉自己是优秀的。有自信心的孩子通常在大人眼里都是比较聪明的。

　　但是，也要提醒家长，并不是叛逆就好，不叛逆的孩子也有很多聪明的。小小的叛逆对孩子不会造成坏的影响，如果太过分就需要家长及时管教了。

金玉良言

　　家长要善于发现叛逆孩子身上的创造性品质和开拓意识，并加以合理引导。只要引导得当，逆反心理定然能够在对孩子的教育中发挥积极的作用。

三、孩子叛逆是因为家长的束缚太多

或许，我们每个人都经历过青春期的叛逆，如今，身为家长的我们也面对着正处于青春期的孩子。在抱怨不听话的孩子的同时，我们忘记了回过头来思考，每个人都会有叛逆的过程，只是现在的我们已经无法真正地理解一个孩子的感受了。

其实，对于一个人的成长来说，叛逆并不是什么大不了的问题。它也不过是暂时的，而且只有经过了这暂时的痛苦，才会慢慢成熟，好像毛毛虫不经过破茧，就无法变成美丽的蝴蝶一样。然而，对待自己孩子的叛逆，家长会觉得万分苦恼，深怕这种叛逆不只打破成人惯有的权威，更能打破成人世界既有的秩序，于是就有了"面对叛逆的孩子怎么办"的问题。

请看一篇题为《少年》的文章：

一个刚满十七岁的少年虽稚气未脱，但壮硕的身体已俨然是个大人。母亲只及他肩头的高度，父亲也开始对他仰视。可是长大的少年，却让父母越来越操心。逃学、恋爱、打架、沉迷于网络游戏……父母越是禁止，他就越有兴趣去做，并且变本加厉。叛逆，已经成为他和父母沟通的方式。终于有一天，父亲和少年倾心交谈，询问他不再乖巧的原因。

少年说："我已经长大，不再是你们操控的棋子，我需要有自己的生活。我需要寻找自我……"

父亲叹了口气："你打算怎么寻找呢？"

"一个行囊，一个指南针。我需要离开你们的遮蔽，去寻找自己的坐标……"

"那你去吧，孩子。我和你妈妈在这里等你的好消息。"父亲给了少年500元钱。少年从此离家，开始他寻找青春和自我的旅程。

少年去了离家很远的一个城市。在那里再也没有老师和父母烦心的唠叨，当然也没有父母片刻不离的嘘寒问暖。

在那个光怪陆离的都市，500元钱像一杯水倒进沙漠里一样，很快就渗透没了。看着日渐干瘪的钱包，少年想到了放弃，但一想到回家可能会受到的嘲笑，只好把泪水吞进了肚里。

城市很华丽，但少年很难找到入口。他的成长与这个城市的喧闹无关。为了生存，这个在家连自己衣服都很少洗的少年，开始去一些小店打工。劳累一天，只为能拥有一顿热饭和一个可以遮蔽风雨的住所——这些他曾经唾手可得而又没有丝毫珍惜过的东西，在那个离家遥远的城市，伴随着少年叛逆的成长。

春去秋来，一年很快要过去了。少年在饭店刷过盘子，在大公司做过保安，在酒店做过门童，在夜市里做过摆摊的小贩……少年的双手终于在疲于奔命的生活中渐渐长满老茧。少年的心也随着日出日落，懂得了父母生活的不易和他们对自己惴惴的爱心。

终于，在新年即将到来的时候，少年拨通了那个熟记于心的号码。电话那端，是父亲激动的声音和母亲喜悦的啜泣……

父亲说："如果找到了你要的东西就回来吧。"

在挂断电话的那一刹那，少年泪流满面。不久，他登上了回家的火车。在行囊中，多了两件买给爸妈的内衣，包装得朴实而美丽。这是一个懂事了的儿子，他用自己的双手为父母换来了新年礼物……

少年的成长不会因为文章的结束而停止，这只是他成长过程中的一个阶段。虽然短暂，却是最为关键的一个阶段。从叛逆到理解，心才真正长大。

随着年龄的增长，孩子的身心发生着巨大的变化。叛逆就像一粒等待萌生的种子，在孩子的内心深处蠢蠢欲动。他们渴望被成人认同，渴望通过叛逆的行为来向世界昭示自己已经长大了，再也不是父母眼里的小孩子了，再也不是可以被父母随便操纵的"棋子"了。

其实，所有的叛逆都来自对束缚和限制的反抗。孩子所面对的，除了他本身就有的生理与心理的束缚外，还有周围成人刻意营造的各种限制。年幼时他无法意识这种束缚与限制，就是意识到了也无力反抗。随着年龄的增长，他们渐渐能够清晰地看待这个世界，一个新的自我在迷蒙中跃跃欲试。然而，成人的限制是那么严密和牢不可摧，而成长的力量又还不足以挣脱自身生理、心理和知识的束缚，这时候的孩子正承受着蜕变之苦，体会着前所未有的迷茫，所以就会产生种种叛逆的举动，目的只是想以此来显示自我的存在。

在我们指责孩子叛逆的同时，也正好暴露了这叛逆的根源——过度呵护所演变的压制。正是这种看似善意的温柔的束缚，才让正在成长中的孩子无所适从。所以在指责孩子不听话的同时也应该反省一下自己，是不是束缚了孩子的身心，是不是没有给孩子足够的空间和足够的理解。

要知道，叛逆并不是什么不可原谅的错误，也不是什么无法解决的难题。我们要做的就是观察孩子，站在孩子的角度去帮助他们，去了解他们的真实想法。

 金玉良言

叛逆期的孩子如同想要破茧而出的蛹一样，作为家长的我们要理解他们的挣扎，期待他们的成长。我们一定要结合自己的成长经历，用"人性本善"的态度面对自己的孩子，而不是让他们远离父母、远离家庭。

四、谁在成长中没犯过错

孩子是父母的心头肉，每个家长都希望孩子能快点长大。可孩子一年年地长大，却为家长平添了不少烦心事。因为进入青春期后，以前听话的"乖乖女"、"乖乖儿"开始和自己"捣乱"，成为不爱听大人话的叛逆孩子。很多家长已经对孩子叛逆达成共鸣，"孩子突然像变了个人一样，真难管"，这让当家长的很是头疼。

孩子进入青春期后由于生理变化引发心理变化，他们渐渐地对万事万物有了自己的想法和主见，尽管这种主见还不成熟，他们开始怀疑长期以来，师长对他灌输的思想和理念。而父母在权威受到动摇后，一时难以适应，又不愿放下身价、调整教育方法去面对孩子，对此，孩子便心生抗拒，让家长觉得难以调教。

如果孩子偶尔淘气，不听大人的话，父母往往不以为然；如果孩子经常不听话，管不住，父母就会深感头疼。"不幸"的是，许多父母发现，随着孩子年龄的不断增长，孩子不听话的行为越来越严重，而且在父母不断唠叨下，孩子甚至产生叛逆的心理，不管父母说什么，也不管对自己有多大好处，一律是先否定再说。这时候如果父母对待孩子的教育方式不恰当，就很有可能加剧叛逆心理，这不但不利于孩子与父母之间的交流，还有可能影响到父母与孩子之间的感情。

事例：

小东是个喜欢标新立异的男孩子，这一点妈妈心里是有数的，可她还是没料到儿子会这么夸张，在放暑假的第一天，小东就在手臂上用文身纸印上一个夸张的图案。

妈妈很生气，告诫小东把文身弄掉，小东却偏不愿意，于是妈妈怒不可遏地打了小东一巴掌："你这哪里像个中学生。简直就是堕落流氓！"说完就把他拉到洗水池边强迫他马上将图案洗掉。

小东还是不愿意，他含着眼泪说："大家都说这文身挺漂亮，我都这么大了，这点自由都没有吗？做妈妈的也不能随意侮辱人，你为什么说我堕落流氓啊？"

小东的妈妈听了还是不依不饶。她硬拉小东去洗，小东居然一下子挣脱了，一气之下跑出了家门。之后，妈妈跟丈夫商量小东的事情，丈夫却责怪她小题大做。"这时代的年轻人有哪个不是在追求个性，表达方式有点儿偏差也是可以理解的，因为他的幼稚。想想我们也是这个年纪过来的，可不能拔掉了刺，扼杀了孩子个性的成长。最好的方法是我们做父母的先去接受它，然后再慢慢地引导孩子。"

丈夫的话点醒了妈妈。对那个视为眼中钉的文身，妈妈没有着急，她找了些资料看过后就心平气和地跟儿子探讨起文身艺术。当她提醒小东劣质文身纸对健康有害、易损皮肤时，妈妈看到了儿子眼中闪过将信将疑的神色。看到有了成果，妈妈还故意带小东去表妹家玩。表妹的小女儿向来很喜欢哥哥小东，可看到小东的文身，小女孩却疏远了他，还说："小东哥哥手上的东西好恐怖哦。"回来后，小东主动把文身给洗掉了。

从此以后遇到类似的事情，妈妈再也不跟小东较量，而是拿出自己的宽容和耐心，与孩子进行像朋友一样的交流，并以此来引导孩子少走弯路。就这样在妈妈耐心的引导下，小东的逆反情绪没有那么严重了，有时还将心里的事情和妈妈商量，他们成为了朋友，成为彼此心中最真挚的朋友。

家长教育处在青春期叛逆状态的孩子是件很棘手的事：打骂不行，因为打骂只能增加孩子的对抗情绪和叛逆心理；说教又被孩子当做"耳边风"；放任不管更是不行，因为孩子那并不成熟的个性和主见，如果不加约束的话，难保他们不会出现行为偏差甚至走向歧途，只有根据他们的身心特点进行教育，慢慢地，孩子会理解家长的苦心。

孩子会产生逆反心理主要是因为家长的一些不恰当的做法。首先，家长不尊重孩子。孩子虽小，也有自尊心。那种"棍棒底下出孝子"、讽刺、挖苦、辱骂、体罚，只能适得其反。其次，家长的唠叨也会使孩子厌烦。有些家长总是认为自己的孩子这也不行，那也不行，一会儿说注意这，一会儿又说注意那，每天唠叨个没完没了，时间一长，孩子就受不了了。最后，家长揠苗助长的做法也容易引起孩子的对立情绪。一些家长不顾孩子的个性差异，望子成龙心切，要孩子学这学那，如果成果不够满意，还要惩罚。

其实，孩子的叛逆并没有家长们担心的那么严重，有的时候我们应该肯定他们，允许和接受他们成长中的错误，这一阶段就会很容易度过去。

金玉良言

家长要慧眼识别孩子渴望独立的信号，不要给予孩子过多的束缚，应该肯定他们，并给予他们足够的自由发展空间，逐步引导孩子心理和生理走向成熟。

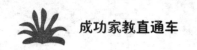
五、对待反叛，打骂并非良策

一些正值青春期的孩子反抗性比较强，常常爱激动，乱发脾气，喜欢与大人唱反调，这是因为孩子自我意识刚开始树立，做事希望按自己的意愿，大人稍加约束，他们就会产生反抗心理。一些调皮的孩子不听从家长的管教也就罢了，一些好孩子也变得不听话起来，让父母头疼不已。

马克·拉瑟福德说过，"每个人身上都有一口泉眼，不断喷涌出生命、活力、爱情。如果不为它挖沟疏导，它就会把周围的土地变成沼泽。"因此，对于这种情况，父母应该有一种觉悟，如果对孩子的逆反心理与逆反行为听之任之，很可能会使孩子形成病态人格，但如果对其粗暴制止或强行压制，则会加剧孩子的逆反心理，将他们推向另一个极端。父母只有耐心疏导，才能解开孩子心中的"疙瘩"，消除孩子的逆反心理。

事例一：

李楠今年 14 岁，从小就很聪明，也很听爸妈的话，可近来变化较大，凡事总爱与父母顶嘴，自作主张，有时还偏要同父母"对着干"。例如，小学毕业后，父母为李楠选择了就近的一所重点中学，而李楠偏挑选了一所离家较远的中学。她不是喜欢路远，而是有意与父母闹别扭。李楠有鼻炎，父母配来滴鼻药水，她却有意把瓶摔了；父母问考试成绩，她故意说不及格；父母平时工作忙，找机会想跟李楠聊聊，她却把父母拒之门外……父母十分焦急，不明白李楠为什么突然这么不听话，父母不知该如何是好。

生活中，很多父母抱怨，随着孩子一天天长大，烦恼越来越多，总觉得孩子越大越不听父母的话，越难管教，"半大小子，气死老子"。为了纠正孩子的逆反心理，父母想尽了办法，最初是忍让，然后是哄劝，接着就是打骂，等这些办法都没用时，一些父母就灰心放弃了。

事例二：

陆伟是个 15 岁的孩子，是家中的独生子，是父母头痛的根源。据妈妈说，陆伟在上中学以前原本是个不错的孩子，学习不错，是体育委员，老师还说陆伟脑瓜灵，是大学的苗子。可现在——现在整个儿就是一个小混混儿：头发染得五颜六色，抽烟，逃课，甚至还交了一个女朋友，父母痛心极了，就算是青春叛逆期吧，可自己也没少管孩子，怎么越管倒越糟了？后来陆伟的妈妈带着陆伟去看心理医生，在心理医生的引导下，陆伟终于说出了自己的心里话："也不知道为什么，反正上中学后，我就觉得很烦躁，看什么都不顺眼！偏偏爸妈还把我管得更严了，处处限制我，我又不是小孩了，有些事情我讨厌他们管我。可他们却骂我学坏了，不让我交女朋友，不让我和不三不四的人来往，让我好好学习……我才不听他们的呢！他们让我怎么干，我偏反着来。"说到这里，陆伟甚至得意地笑了笑，"好了，现在我变成坏孩子了，让他们再管我，再骂我！"

逆反期的孩子都有一种典型的心态，那就是喜欢和一切正统的东西对着干。而他们最反感的就是父母粗暴的压制，他们甚至会为了反抗父母的压制，故意走上邪路，就像事例二中的陆伟一样。

面对孩子的逆反心理，父母应该怎么做呢？教育学家认为，与其"堵"，不如"疏"，只有运用疏导才能化解孩子的逆反心理。逆反心理总是伴随着一些不愉快的情绪体验，因此先要"疏流"，然后才能"改道"。主动与孩子建立良好的关系或改善原有的不和谐关系，以赢得孩子的信任。真诚、尊重是与孩子交谈和沟通的前提。鼓励和引导孩子毫无保留地说出自己的看法和感受，是改变认知偏差的前提。认真地倾听孩子的感受，不仅有利于孩子敞开心扉，缓解情绪压力，而且有利于尽快找到产生逆反心理的"根源"。下面就是疏导的几个关键方法和技巧：

第一，平和地探讨，切忌粗暴。当父母面对孩子的反抗、叛逆时，方式应该是循序渐进，应该竭尽所能地使用更为温暖、平和，以及尊重的态度与孩子相处；以自己的弹性去应对孩子的缺乏弹性。

第二，倾听孩子的心声。在与孩子交流沟通中，父母不仅要认真地听，而且要会听。认真地听是指抛开教导模式，把主动权让给孩子，引导孩子自己说。会听是指父母要善于从孩子的角度看问题，冷静地思考，把握问题的症结。

第三，现身说法拉近距离。父母可以在孩子前承认自己也曾有过偏执、怨恨或古怪的言行，有意识地自我表露，这样可以拉近与孩子的心理距离。当孩子觉得自己不能被人理解时，父母可以适当地透露自己也曾有过类似的感受或体验。这样有助于有逆反心理的孩子解除心理防线，共同找到解决问题的办法。

第四，放下架子，平等沟通。许多时候，父母要站在第三者的立场分析孩子叛逆的原因。

许多父母总觉得自己是对的，孩子应该听父母的。但是，孩子有自己的思维方式和处理问题的方式，所以父母应该放下架子，耐心听一听孩子的想法，从感情上、从具体事件上与孩子达成一致，作适当的让步。

金玉良言

只有沟通才能相互理解，而交谈是沟通的最好方式。叛逆期的孩子渴望能与家长平等相处，也希望得到家长的信任。所以家长最好学会和孩子"平等交谈"，把孩子告诉你的任何事情都当做礼物，并加以珍视。

第五章
好孩子 "好" 在哪里

　　驯良之类并不是恶德。但发展下去，对一切事情无不驯良，却绝不是美德，也许简直倒是没出息。

　　　　　　　　　　　　　　　　　　　　　　——鲁迅

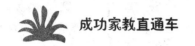

一、"好孩子"没有锋芒，何来"个性"

陶行知先生曾提出教育孩子的六大主张："解放儿童的头脑，使其从道德、成见、幻想中解放出来；解放儿童的双手，使其从'这也不许动，那也不许动'的束缚中解放出来；解放儿童的嘴巴，使其有提问的自由，从'不许多说话'中解放出来；解放儿童的空间，使其接触大自然、大社会，从鸟笼似的学校解放出来；解放儿童的时间，不过紧安排，从过分的考试制度下解放出来；给予民主生活和自觉纪律，因材施教。"

当然，孩子听话，往往懂事早，学习认真，做事踏实，这都是好事，但如果孩子只知道"听话"，就会埋没个性，阻碍其创造能力的发展，因而对孩子成才也就不利了。

纵观中国历史，历来人们都把"只有听话的孩子才是好孩子"作为家庭教育的主线，贯穿于从孩子刚刚懂事直到成人的整个过程。殊不知"听话"教育的结果往往极大地制约了孩子创造性思维的形成与发展。另外，对孩子进行的"听话"教育，还是造成我国青少年自理、自立、自主、自强思想淡薄，生活上过分依赖父母的主要原因。它消蚀着孩子的勇敢、好奇心和灵气，实质上就是对孩子个性的压抑。

事例：

一位老师到一所小学上作文指导课，他走进教室时，还没有到上课时间，但学生们见他进了教室，就纷纷坐到了自己的座位上。他见还有好几分钟才上课，就让大家去外面玩，可是只有三两个学生站了起来；再次提醒，又站起了几个，而且只是在走廊上走了几步。上课铃响后，所有的人都坐得极其端正：两手在胸前交叉，胳膊肘稳稳地撑在桌子上，挺直腰杆，目光一律正视。老师说："随便点，不用这么端正。"孩子们没动。老师又说："来，放轻松。"孩子们依旧不动。老师接着说："我上课从来不需要坐好的，不要这样坐，来，把手放下去吧。"老师走到最前面几个学生中间，拆开他们交叉着的手。终于，后面的学生也松开了手。接着，他们开始上课。课上得很拘谨，举手的学生很少，大多是老师问一句，孩子们简单地答一句，不肯多说一个字。奇怪的是，上着上着，孩子们原先松开的手又渐渐地交叉着撑到了桌子上。

在老师的训练和调教下，孩子们显得如此"听话"，可以算是"好学生"了，但等他们长大以后，这样有板有眼的他们能适应世界的变化吗？

要知道，孩子的天性是喜欢率性而为，他们不懂那么多规矩和套路。给孩子太多的限制，会让他们变得死板、木讷，缺少个性，将来更不会有多大的发展前途。所以家长应该顺应孩子的自我发展，张扬孩子的个性，但这并不是要孩子随意发展，更不是要淡化家长与老师的作用。家长应对孩子成长过程中出现的不良倾向进行纠正，尤其要帮助孩子树立远大理想，形成良好的生活、学习习惯，磨砺积极向上的个性。毕竟，具有了良好的个性也就掌握了获得成功的金钥匙。

金玉良言

孩子应该有自己的个性，他们也有自己的一片天空，家长应该允许孩子有适度的自由空间，让他们有展示自己个性的机会。

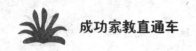

二、循规蹈矩的"好孩子"未必能成才

现代社会，如果一个"好孩子"的标准只是局限于听父母话、听老师话，学好知识，诚实肯干等方面，孩子长大成人、走出校园之后，就可能会成为现代社会的落伍者。父母在教育孩子时，最爱说的一句话就是"听话"，但事实上现在的孩子渴望独立的意识很强。尽管在孩子成长的过程中，有些话是非听不可的，但是当父母过分强调"听话"的时候，对于培养孩子的独立性和自信心十分不利，而且过分听话的孩子往往容易出现心理问题，导致抑郁、孤僻，将来走向社会，与从小爱创新、敢想敢做的孩子相比，素质能力方面会相差很多。

事例：

当同龄的孩子都可以起居自理时，李航还沉浸在妈妈为其梳头、叠被、整理书包，爸爸接送上学的幸福生活中。有一天，李航因为某件小事与同学吵架，那时，她才知道自己享受到的这种幸福是需要付出巨大代价的。同学讽刺她说："真是个笨丫头，除了会学习之外，什么都不行，既不会梳头发，又不敢自己回家，事事都需要父母帮忙，真不害羞！"

李航的成绩在班里一直名列前茅，从小都是听着赞誉声长大的，哪里听过如此刻薄的言语啊！况且一向以成绩为傲的她，又怎么能够忍受同学的欺辱呢！但父母的溺爱和老师的赞誉使她养成了内向、腼腆的性格。一向不善交际和表达的她，在这种情况下除了生气之外没有任何办法保护自己，于是她拿起书包，哭着往家跑，刚跑到校门口就迎面碰上了骑车接她回家的爸爸。

看见泪水涟涟的女儿，爸爸慌了手脚，连忙下车心疼地问道："航航，谁欺负你了，快点告诉爸爸，爸爸带你去找他。"李航愤怒地甩开爸爸的手。眼看一向温顺听话的女儿不知为何发这么大的脾气，爸爸将车停在一边，走到她面前说道："你是爸爸唯一的女儿，你一个人上下学，爸爸妈妈怎么能够放心呢！假如你在路上碰到坏人怎么办……"在爸爸的"威逼利诱"之下，李航只好低着头乖乖地坐上爸爸的自行车，继续演绎父母眼中"乖孩子"的形象。

从小生长在这种环境中，李航只知道一心一意地学习，交际圈子和活动范围都受到父母的限制，几乎没有什么知心朋友，按时上学、放学，按时回家做作业，从来不会因为校方活动耽误回家的时间。她除了成绩好之外，其他能力几乎为零。

这样的生活一直延续到李航大学毕业，当她拿着大学毕业证书来到人才市场谋职时，看到那些手持学士、硕士证书的同龄人滔滔不绝地回答面试官提出的问题时，她明显感觉自己很不自信，甚至没有勇气上前询问招聘条件，此时举止呆板、言语笨拙的她显得孤立无援。

李航好不容易挤到一家面试招聘台前，接待她的主考官是一位严肃的中年职业女性，在询问过基本情况后，主考官让李航做一份与她自己专业对口的卷子。这对于成绩一向优秀的李航来讲根本就不成问题，不到15分钟，李航就将这张本不深奥的试卷做好了。

当李航交上试卷时，那位主考官欣赏地点了点头，然后问道："你能说说自己对这项计划的见解吗？如果这个计划交给你做，你将如何完成？你从业的原因和目标又是什么？"这些问题是李航从未想过的，此时，她不知道如何应对对方的提问，于是，她的脸立刻涨红了，想了许久之后，也没有给对方满意的答案。当主考官看到这种情形时，对李航投以抱歉的微笑，说道："我不得不承认，你的业务水平确实非常强，但我们单位需要的是业务能力和其他能力都兼备的一专多能的复合人才，所以我们不会录取一个对工作没有主见的年轻人！"主考官的话像一盆凉水一样，彻底激醒了李航。

从招聘会出来，淅淅沥沥的小雨飘然而至，李航一个人放慢速度走在冷清的大街上，脑海中回想着应聘时的尴尬情形，思索着失败的根源。此时，沉重的声

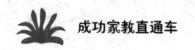
音在她心中响起："亲爱的爸爸妈妈，既然你们知道女儿的人生是需要自己走完的，既然你们真的爱自己的女儿，可为何不早点让我自己走路呢？形成今天的局面又何止是我一个人的过错呢？"

一个人在学校里学习成绩差，并不代表着走上社会后的工作和创业能力差。在校门外，主要看的不是学历，而是能力。有时，在校园里学到的东西，在校门外可能用不上。校门外和校门内是有差别的，对于环境的改变，我们的心态也要跟着改变。

金玉良言

中规中矩的好孩子的确让人喜爱，但这种成长模式下的孩子能接受未来世界的挑战吗？他们的创新意识还剩多少？也许，他们太过服从，事事听别人的，没了提出自己见解的勇气与锐气，或许将来什么也干不了。

三、没有批判眼光，如何适应时代

当今世界发展的基本特色是竞争无处不在，我们的孩子将不可避免地参与竞争，走向社会，他们别无选择。面对人生的角逐，家长们习以为常的呵护是毫无用处的。我们只有培养孩子独立应对的能力。

现在很多家长都在抱怨孩子没有主见，缺少批判意识，怎么在社会上立足。其实这都是因为我们平时给了孩子过多的庇护。

事例：

当谈到人生、理想、学习这些"沉重"的话题时，高一女孩青青总是一脸茫然。当询问青青为什么要选择文科，青青的回答是："爸说我逻辑思维不好，所以我的理科学习不好，只能上文科。"当老师问她对未来大学生活的规划时，青青只是简单地表示："我妈打算让我学工商管理。"

面对父母给自己设计的人生道路，青青直言反感，但她自己也坦承并没有太多的想法。一位华人女大学生感叹其以往的"乖"孩子成长经历，结果使她与同班的美国同学在表达力、思维力方面，都存在着相当的差距。比如老师布置的课下读参考书然后进行课堂讨论，美国同学个个自信、口若悬河地道出独到、有见地的评论，而她对于谈一谈自己的思想、见解却总是为难地说不出多少东西来。

青少年培养独立自主的思想意识十分重要，这些包含着世界观、价值观、人生理想的思想不仅影响着青少年当前的表现，更会影响到他们的未来。要想让孩子成为有思想的人，家长就要注意教会孩子用批判的眼光看世界。

批判性思维是一种创造性思维，提倡质疑精神，它是指对所学东西的真实性、精确性、性质和价值进行个人判断。

当今孩子缺乏批判性思维的原因是多方面的。美国心理学家柯尔伯格提出的道德发展理论中，将孩子 0~9 岁定义为前习俗道德期的第一阶段：避罚服从取向期。这是家庭启蒙教育的关键期，也是儿童社会化过程的一个重要阶段。当孩子的行为与父母的要求一致时，就会受到父母的物质或精神奖励；否则，就受到精神或肉体上的惩罚。长此下去，在父母的强化之下，孩子将"听话"这一道德规范内化为调节自身行为的指令，他们知道父母的话是不容置疑的，顺从、听话就会受到表扬，反对他们就会受到惩罚。这样，孩子幼小心灵上批判性思维的萌芽被父母的尊严蹂躏了，强行种上了"顺从"的种子。

学校教育更是强化了孩子的这种心理。孩子的考试成绩在传统教育中是评判教师和孩子好与不好的唯一标准。考试所关注的是具有标准答案的规范性内容。教师为了获得较高的物质利益和精神利益，就一味地强化训练孩子，大搞题海战术，让孩子形成了程式化的思维方式，这种缺乏变通的思维方式又促使孩子顺从式人格的形成，批判意识被重重地压在了潜意识的巨大冰山下，批判性思维的火花——批判性精神被摧毁了，批判性思维能力夭折了。传统的教育体制下，教师缺乏对教学实质性的反思——对孩子的批判性人格等精神发展的人文关怀。

要让孩子拥有批判性思维、学会用批判的眼光看世界，就要求父母必须具有自由、民主、平等的思想，不再是话语的主导者，不再压抑孩子的个性，不再同化孩子的思想，正如一位老师所说，"因为当前教育的弊端所造成孩子的消极、被动、盲从正是培养批判性思维的大忌，而应鼓励多元和发散思维，鼓励从不同的视角考查问题，鼓励对问题提出不同的看法。"

金玉良言

　　我们需要树立现代意识，更新教育观念，改变以往对"好孩子"的单纯陈腐的评价标准，以新的标准看待、评价孩子，并帮助孩子形成现代社会需要的健康的心理和各项优良品质，使孩子真正成为有用的现代人。

四、乖乖生多少有些骄傲

好孩子一路走来，成绩自然是名列前茅，他们手里往往有着骄人的成绩单，所以骨子里多少有些骄傲。然而，在学校教育中，我们除了学到一些知识外，往往学不到独立思考的能力、动手的能力、交流的能力、自省的能力，学到的知识只表现在成绩的优良。所以好学生先不要急着骄傲，正确地认识自我和把握自我更重要。

事例：

美国选手肯尼迪·麦金尼在 1988 年获得汉城奥运会最轻量级拳击金牌后，就开始变成"反面人物"：先是诱拐少女、吸毒，后又被停赛 6 个月。

可以说，这一切都是他咎由自取。

麦金尼获得汉城奥运会最轻量级拳击冠军后，一度名利双收，获得 6.5 万美元奖金，并成为职业拳击手。他也踌躇满志，准备向次轻量级世界冠军宝座冲击。可是，这位奥运冠军太不自爱了。1989 年 9 月，他被指控诱拐一名 15 岁的少女，被监禁了 3 天。

俗话说：祸不单行。麦金尼被控诱拐少女后，在尿检中又被发现他服用兴奋剂，还吸食毒品可卡因。

麦金尼这回没有像以前被指控诱拐少女那样死不认账，他承认，自从在汉城夺得金牌以来，为了放松一下，他就一直在吸食可卡因。此后，他住院接受戒毒治疗。

1989 年 11 月初，在麦金尼以略占上风的积分战胜墨西哥选手何塞·马丁内斯之后，赛会对他进行了尿样检查，检查结果表明，麦金尼还在吸毒，而在这次比赛以前，他已经宣布不再吸毒了。

为了尽力挽救他，比赛组织者敦促他再去接受戒毒治疗。就在即将出院之时，这位奥运会金牌选手接到停赛 6 个月的处分通知书。

所以我们在事业上取得一定的成就之后，一定要保持谦虚、谨慎的作风，正确认识和把握自己，善于约束自己，检点自己的生活显得更为重要。

金玉良言

> 人生就像一局胜负无常的棋，人们无法奢望自己永远立于不败之地。"好学生"现在确实受到老师和家长的喜爱，但是建筑在永不自满基础上的人生追求才是健康的，才是对自己和社会负责的。

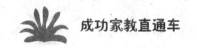

五、"懂事"也许只是逃避

腼腆的孩子常常用逃避的心态来应对挑战，他们不敢直面困难和挫折，也不喜欢和陌生人主动交朋友，原因在于害怕，害怕对方知道自己的缺点，而看不起自己。所以选择"懂事"，以期望得到别人的尊重。

事例：

马克生性腼腆，因此，当上司第一次让他单独去谈一个项目时，他愁得几乎彻夜未眠。他想：对方可是本地最大的房地产开发商啊，他能看得上我们这家小公司吗？和他见面以后，怎样切入正题，怎样让他相信那个项目由我们做最合适，采取怎样的态度才既不会让他反感也不会使我们显得太卑微，坚持怎样的价格，才既能让他接受，又能让我们公司最大限度地争得利益呢？

不过，仅仅是考虑以上问题绝不至于让马克坐卧不安到那种程度，其实整个晚上他考虑得更多的是：万一签不上合同怎么办？一想到当自己空手而归时，面对的将是别人失望甚至嘲笑的目光，还可能从此再也不会得到这种独当一面的机会，他简直不寒而栗。尽管马克一直给自己打气，可是这种焦虑和恐惧却死死纠缠着他，总是挥之不去。

第二天，马克走进公司时无精打采。和他对桌的同事见他脸色这么难看，以为他病了。

这时，马克忽然想到同事是个谈判高手，曾经签回好几个大单。于是，他眼前一亮，就像溺水的人看到了一根稻草。马克吞吞吐吐地向他吐露了心事，最后说："我真的害怕我的第一次是以失败告终，所以你一定要帮我。要不，这次你陪我一起去吧！"同事默默地看了他一会儿，忽然掏出电话本，拨通了一个电话。"喂，我找史密斯先生。噢，您就是？我是物美装饰公司的马克，公司委派我和您洽谈给五号小区做装饰壁画的事，不知您什么时候有时间？明天？好，明天下午两点我准时到您办公室。"他放下电话，抬头对马克说："谢我吧，我帮你联系好了。"

马克觉得自己好像一下子被悬在了一个峭壁上。"现在你可以把害怕放到一边去了。"同事微笑着说。"还用说吗？事已至此，害怕还有什么用？难道我还有第二种选择吗？现在我唯一能做的事情，就是打起精神，顺着峭壁奋力往上爬。"马克一边对同事抱怨不止，一边赶紧开始准备第二天的"台词"。他强迫自己设想一些乐观的结局，并反复对自己说：别管谈成谈不成，只管尽力去谈吧！

结果，那次洽谈比他想象的要顺利得多，他为公司签到了一笔利润丰厚的合同。事后，他感谢那位同事："要不是你，我恐惧得真不知道该怎么办。"同事平静地说："在我看来，最无用的东西就是恐惧。如果你做的事情注定要失败，那么恐惧有什么用？如果经过努力可以成功，恐惧却会把这种努力吞噬掉。比如一个球员在踢点球的时候，如果他一心想的不是怎样去踢好这个点球，而是踢不进点球后所要遭受的嘘声和谩骂，那么他就会恐惧得两腿发软，这个点球也就十有八九踢不进。可见恐惧不仅无用，还会促成失败。其实，踢进点球的最好方法，不过是果断地抬脚踢球而已。"

怕羞又是羞怯，是一种逃避行为的最常见形式，它的表现是多种多样的。平时性格文静、内向的孩子往往要比活泼、好动的孩子给人留下更好的印象，而且家长也会觉得内向的孩子听话、懂事，一举一动都能照章行事，用不着为他们操什么心。其实，家长没有看到另一面，过于文静、内向、默默无闻的孩子，人们会忽视他们的存在。这些孩子一般不善于发表自己的意见和建议，常常是别的孩子怎么说，他们就跟着怎么做，如果一定要让他们发表自己的意见，他们往往会语无伦次、面红耳赤，甚至不知所措，这样，带给他们的只能是难堪。而且，万一遇上不如意的事情，这些孩子只会把事情隐瞒起来，根本不会去找人倾诉或做合理的宣泄，时间长了就会越来越压抑，越来越内向。实际上，这些不善言语、不与人交往、沉默寡言的人，是一种具有严重羞怯心理、缺乏自信心的表现，这样的孩子需要合理引导。

金玉良言

羞怯是一种没有真正认识自我、对自我缺乏信心的表现。作为家长，要克服孩子的羞怯心理，就要帮助孩子正视缺点和不足，正确认识自己，消除这种不良心理。

六、"听话教育"害处大

中国家长教育子女的至上法则是"听话"，似乎"听不听话"成为衡量孩子好与不好的标准。曾有一篇文章把这种现象称为"听话教育"。听话教育是我们千百年来的家庭教育乃至整个教育的基本特征之一。不错，孩子小的时候，需要家长多加引导，家长教育孩子尊敬父母，这也无可厚非。但是，大人的话一定都是对的吗，不听大人的话一定就是错误的吗？

鲁迅先生曾经在《从孩子的照相说起》中，对"听话教育"有过批评："中国一半的趋势，却只在向驯良之类——'静'的一方面发展，低眉顺眼，唯唯诺诺，才算一个好孩子，名之曰'有趣'。活泼、健康、顽强、挺胸仰面……凡是属于'动'的，那就未免有人摇头了。"他认为，培养"听话"的孩子，只能培养出孩子的奴才性格。

"听话"的孩子容易屈服于强者，成为胆怯、懦弱的社会弱者。"听话教育"下培养出来的孩子必然思想软弱，缺乏主见，平庸无能，习惯于被安排，遇到变迁就徘徊，遇到挫折就沮丧，自立精神和应变能力都很差。

曾经有动物学家做了一个实验：科学家将10只猴子先后关在一个笼子中，笼子上方吊着一个香蕉和一桶热水。猴子如果拉动香蕉，水桶就会掉下来，水就会浇到所有猴子身上。起初，每只猴子都去抓那个香蕉，结果浇下的水使得它们变成了"落汤猴"。后来，猴子们渐渐发现了香蕉和水桶的关系，如果再有猴子妄图拉动那个香蕉，其他猴子都会群起而攻之。一周过后，所有的猴子都不会再去拉动那个香蕉了。后来，科学家往笼子里放进了1只新猴子，换走了10只猴子中的1只。此时吊着的香蕉早已不再连着水桶了，如果有一只猴子去拉，就会得到香蕉但不会被浇。新猴子看见香蕉立刻眼睛放光，伸手便要去抓，却被其他9只猴子围攻。在尝试若干次后，那只新来的猴子再也不愿意去拉那个香蕉了。后来，科学家又从剩下的9只猴子中换走1只。挨打的一幕再次上演，打它的包括8只老猴子和第一次换进来的那只新猴子。像这样，在换走1只老猴子，新猴子依然挨打。直到第一批的10只猴子全部被换走。

现在的10只猴子，都没有被水浇过的经历，但都像前10只猴子一样阻止新来的猴子染指香蕉。这种结果表明：新来的猴子们和我们的一些"听话"的好学生的想法非常相似。他们很听话而且意志薄弱，受到挫折后就开始服从大多数人的做法。

 金玉良言

每个孩子都是一个活脱脱的生命，他们不可能完全按照家长所期望的那样成长。现代教育要培养的是孩子独立思考的能力，要造就的是具有独立精神的人才。片面的听话教育从某种意义上讲，是一种奴性教育。因此应该把孩子从"听话教育"中解放出来，给予孩子适度的空间。

第六章
每个孩子身上都有闪光点

要是每一个孩子的诗情画意都能得到人们的欣赏鼓励，从而取得健康的成长，那么，世界将不愁成为一个富于诗情画意的世界。

——殷庆功

一、每个孩子都是天才

英国心理学家托尼·布赞门说过："婴儿出世的那一刻，就真的已经是才华横溢了。仅仅2年时间，他就学会了语言，比任何一位哲学博士都要好，并且在3岁到4岁时，他在语言方面就是一位能手了。"因而，每一个孩子都是天才，要么是一个期待发展的天才，要么是一个正在成长的天才。

事例一：

爱因斯坦是一位伟大的科学家，一生取得了举世瞩目的成就。可是他小时候的表现却不被人看好，4岁的时候才会说一些含糊不清的话语，周围的邻居都说："这孩子呆头呆脑的，长大了可怎么办啊？"

上学的第一天，小爱因斯坦来到教室里，可是没有一个同学愿意和他坐在一起，因为他看上去就像一个小可怜虫。上课的钟声敲响了，在课堂上老师提了一个简单的问题，点名让爱因斯坦站起来回答。

"我，我……"爱因斯坦说了半天还是没有说出一个字来，他的脸已经涨得通红了。

同学们看见他的模样哄堂大笑："笨蛋！笨蛋！"

放学回到家里以后，小爱因斯坦背着书包坐在家里的门槛上发呆。细心的父亲注意到孩子的沉默，拉着他的手问："亲爱的，你怎么啦？"

小爱因斯坦哭着扑到了父亲的怀抱里："同学们都说我是一个小笨蛋！"

"不！"父亲擦掉了小爱因斯坦脸上的泪水，严肃地说："亲爱的，你弄错了。

上帝曾经在睡梦中偷偷地告诉过我：每一个孩子都是天才！"

"真的吗？上帝真的是这样对您说的吗？"小爱因斯坦满脸期待地问父亲。

父亲坚定地点了点头，小爱因斯坦的脸上露出幸福自豪的笑容。

后来，每当爱因斯坦取得一点点的进步，父亲都会给他送上一阵热烈而真诚的掌声鼓励他。慢慢地，爱因斯坦相信了父亲的那一句话，"每个孩子都是天才"，他的内心充满了希望，并通过努力最终成为了科学巨匠。

虽然每个孩子都不尽相同，但每个孩子都是天才。所以，找到适合自己孩子的教育方式，树立孩子的自信心是最重要的。

事例二：

陆天昊刚进天一少年班时心里老是觉得害怕，怕被淘汰出局，离开少年班。主要是因为自己考进少年班的成绩并不算优秀，在班级里当时只是排在第 23 名；看到来自各地的同学一个比一个"强悍"，一个比一个出色，心里很是紧张。作为家长，看到这样的情况，能够做的，就是不断地鼓励、打气，希望能消除他的这些顾虑，但效果并不理想。事也凑巧，进少年班不久，一天开展文体项目竞赛活动，其中有一项目是围棋比赛，比赛不分年纪组别。爸爸想机会来了，因为陆天昊在小学时曾专门学过一段时间的围棋，棋艺说不定在同学中能够名列前茅呢。爸爸匆匆地带他去围棋室参加比赛，结果还真的不错，在比赛中竟然没有对手，甚至高二、高三的同学都成了他的手下败将。经过这次比赛，爸爸看到儿子脸上露出了许久不见的自信与笑容。爸爸终于找到了恢复孩子自信的方法。爸爸惊喜地发现，儿子从那以后再也不害怕了，成绩在班级里的排名也不断地上升。其实，爸爸知道陆天昊的围棋水平，他充其量也只能与业余选手比赛。爸爸庆幸在那一次比赛里都碰到了一些很业余的选手，更庆幸从此找回了孩子的自信。

陆天昊的爸爸认为，少年班里孩子的天资都很好，学习成绩都很优秀，但如何树立孩子强烈的自信心理，把自己良好的天资优势发挥出来，这一点非常重要。自信心不仅给孩子带来勇气和力量，还能迸发出活力。在孩子缺乏信心的时候，家长就应该寻找点燃其信心的导火线，在鼓励、表扬孩子的时候要说到点子上，让他确实感觉到自己的优势或特长，并在平时的学习中发扬光大。

家长要保持平和的心态，要相信每个孩子都是天才，不是全才，他应该是而且完全可以是某一特定领域里的天才，这就够了。

 金玉良言

> 要相信，每个孩子都是天才，但不是全才。我们要用爱浇灌他们心中的希望之花，只要细心地呵护，就一定能结出丰硕的果实。

二、每个人都有自己的天赋

漫画作品《双响炮》、《涩女郎》、《醋溜族》无人不知，不仅畅销还拍成了电视剧，而这些都是一个小时候是"差生"的学生创作的，他就是台湾著名漫画家朱德庸。

朱德庸天生对图形很敏感，但对文字类的东西接受起来却很困难。在十几年的学生时期，他一直被认为非常笨。读中学的时候，朱德庸完全没有办法接受刻板的"填鸭式"教育方式，他像个皮球一样被许多学校踢来踢去，就连最差的学校也不愿意接收他。

开始他也像老师们一样认为自己非常笨。直到十几岁以后才明白，自己不是笨，而是有学习障碍。他发现自己天生对文字反应迟钝，但对图形很敏感。

谈到求学时的痛苦经历，朱德庸说："我的求学过程非常悲惨！学习障碍、自闭、自卑，只有画画才使我快乐。"画画是唯一能让朱德庸感到轻松的事情。他说："外面的世界我没法待下去，唯一的办法就是回到自己的世界，因为这个世界里有我的快乐。在学校里受了老师的打击，我敢怒不敢言，但一回到家我就画他，狠狠地画，让他死得非常惨，然后自己心情就会变好了。"

他的父母为此伤透了脑筋，也吃了很多苦头，他们动不动就被老师叫到学校去，听老师训话，还时常要带着小德庸到各个学校去看人家的脸色，求人家收留这个学生。幸运的是，朱德庸的父母从不给他施加压力，一直任他自由发展。他的爸爸会经常裁好白纸，整整齐齐订起来，给他做画本。

朱德庸后来回忆说："如果我的父母也像学校老师一样逼我学习，那我肯定要死……每个人都有天赋，但是有些人的天赋被他们的家长或者被社会的习惯意识遮盖了，进而就丧失了。"在这一点上朱德庸很感谢自己的父亲，在他小时候非常想画画又总拿着笔画个不停的时候，他的父亲没有阻止他，反而支持他。

关于天赋，朱德庸有非常精彩的见解：

我相信，人和动物是一样的，每个人都有自己的天赋，比如老虎有锋利的牙齿，兔子有高超的奔跑、弹跳力，所以它们能在大自然中生存下来。人也是一样，不过是很多人在成长过程中把自己的天赋忘了，就像有的人被迫当了医生，而他可能是怕血的，那么他不会快乐。人们都希望成为老虎，而这其中有很多只能是兔子，久而久之，就成了四不像。我们为什么放着很优秀的兔子不当，而一定要当"很烂的老虎"呢？社会就是很奇怪，本来兔子有兔子的本能、狮子有狮子的本能，但是社会强迫所有的人都去做狮子，结果出来一批"烂狮子"。我还好，天赋或者说本能没有被掐死。

每个人都有自己的天赋。每个孩子当然也有自己的天赋。舒曼曾经说过："一磅铁只值几文钱，可是经过锤炼就可制成几千根钟表发条，价值累万。"家长们应该正视孩子身上的闪光点，并好好利用天赋给予孩子的"一磅铁"。孩子身上的闪光点是很宝贵的，如果家长们能看到，相信孩子的命运将会灿烂无比。

事例：

Mary 的学校有非常优秀的音乐和美术老师，他们每周在一个统一的固定的时间段将有特长和感兴趣的学生组织起来进行训练和活动。Mary 刚进中学时选择的是合唱队，并乐此不疲，说音乐老师允许她们在合唱训练的间隙时做功课，比如她是唱高声部的，低声部和中声部训练时她们可以在下面做作业。美术老师也很看中 Mary，三番五次要她去美术小组，并且向音乐老师商量要人，但由于音乐老师喜欢她，这位音乐老师深受孩子们爱戴，而 Mary 是他的合唱队的骨干，Mary 又觉得美术小组的素描训练太累，所以未去。她的妈妈则觉得唱歌能使 Mary 在紧张的学业中获得放松，心灵得到一种滋润，所以也默默支持她。

有一次，Mary 的学校选出五位学生去参加一个区的现场绘画比赛，Mary 是唯一不属于美术组的参赛代表，比赛的结果是四名获奖一名落选，其中的两名获一等奖就包括 Mary。Mary 的作品是属于西画类的版画，主题是百合花，她说在创作之前她曾去花店做过仔细观察。

孩子的潜能是巨大的，这就要看家长怎样挖掘了，每个孩子都有一定的潜能等待开发，就看家长怎么给孩子机会，显示他们某方面的特长。

 金玉良言

事实上，并非每个孩子成年后都能成为艺术大师，但是，每个孩子在童年都拥有非凡的灵性和创造力。只要我们尊重并认真开启这份灵性，就会发现他们那独一无二的天赋。

三、发现孩子的潜能与天赋

　　每一位孩子都是天才，每一位孩子都拥有巨大的潜能，只不过，孩子的潜能往往会被家长忽视。当今社会，中国的家庭教育大致可分为两种：知识型教育和能力型教育。知识型教育，就是指平常所见的教育模式，注重知识的灌输，忽视技能的提高，往往导致孩子所学难以致用；能力型教育则注重培养人格，培养直觉与灵性，善于发现孩子的长处。打个比喻来说，这就好比盖大楼，有的就按规矩来盖，不管什么样的材料，一律削成方方正正的，这样材料盖出的大楼，平淡无奇，随处可见；而有的则会根据材料的不同形状来发现适合它们的位置，这样的建筑往往出人意料，经常会吸引人的眼球。

　　我国钢琴界的天才，第十四届肖邦国际钢琴比赛第一名获得者李云迪，可谓是一个成功者，在钢琴上的造诣博得了许多专家的好评。而李云迪的成功和他母亲的教育培养是分不开的，那就是在生活中不断发现李云迪在音乐方面的潜力和优势，引导、鼓励和塑造孩子，最后使孩子走向成功的道路。

　　事例：

　　林女士的儿子三四岁的时候，他的小舅带他到足球场，别人把球踢过来踢过去的，他就跟着球从东跑到西，从南跑到北，两三个小时下来，估计跑了上千米，他居然一点也不累！平常，跑、跳方面的运动，他都不用大人们教，跟着大孩子一学就会。所以从五岁上学前班开始，林女士就鼓励他选择喜欢的运动类兴趣班，像手球、轮滑、游泳、跆拳道等，她的儿子进行过比较专业的训练后，教师都夸奖他比别人学得快。

但是，与运动能力相比，林女士的儿子在阅读写作方面就显得不那么优秀了。林女士是学新闻的，简直不能忍受她自己的孩子居然在阅读写作方面不如同龄人。尽管很多朋友劝林女士"你自己就能教孩子阅读和写作"，但是因为工作太忙，林女士还是决定在周末给儿子报一个阅读写作方面的辅导班。林女士很庆幸找到了好的老师给孩子进行阅读写作方面的辅导。第一次课后，老师布置的作业是让孩子给家长朗读八遍《乡愁》。孩子读前四遍时，林女士感觉他在试图寻找抑扬顿挫的感觉，但把握不准。从第五遍开始，林女士就发现她的儿子整个人渐渐投入到诗词当中，音韵的高低、节奏的快慢，是那么恰到好处。"乡愁"之情已通过他的朗读表现得淋漓尽致，以至于林女士都融入其中！听他读完后，林女士说："妈妈都感动了，你呢？"她的儿子说："我觉得心里不好受。"后来，老师又教孩子如何根据标点符号把握停顿的节奏，还带她的儿子到紫竹院观察竹子后再练习写作。每次写作后，老师都非常认真地告诉孩子哪里写得好。老师对林女士说："你应该像培养孩子在运动方面的自信那样，培养他在阅读写作方面的自信，让他一点一滴地掌握其中的方法，找到其中的乐趣！"

林女士细想："我自己喜欢运动，但并不专业，所以我在运动方面没给孩子提过高的要求，只要他喜欢就鼓励他多学，逐渐他自己就产生了很强的自我意识"。她的儿子在运动方面很有天赋，学什么都不难，再加上坚持不断的专业训练，在运动方面就越来越出色。而在阅读写作方面，因为林女士自己很专业，所以就不能容忍她的孩子的文章言之无物，或颠三倒四，这样反而让孩子产生了畏难情绪。他不爱写，或等着妈妈教他怎么写，林女士不教他，他就不知道该写什么。现在在老师的悉心引导下，他已逐渐找到了阅读写作的乐趣，也掌握了一定的方法，文章写得越来越棒了。

人的潜力是无穷的。对于商人来说，谁先发现市场需求，谁就抢占了商机。可对于家长来说，发现了孩子的潜能与优势，就是发现了孩子美好的未来。许多伟大的发明，也都是从一点点微不足道的小事开始的。牛顿看到苹果从树上掉下来，经过潜心研究，发现了地球引力。美国科学家贝尔看到相距遥远的两地传递消息不方便，通过多次实践，发明了电话；瓦特根据烧水时蒸汽能把壶盖顶起的原理发明了蒸汽机……家长们练就一双善于发现的慧眼是相当有必要的，发现了优点，就能激发孩子再接再厉。孩子们身上都存在着无穷无尽的潜力，就好像一座亟待开采的金矿，家长要及时发现和挖掘并将其提炼成闪闪发光的金子。

很多孩子会在某一方面比较突出：作画惟妙惟肖、朗读有声有色、管理一丝不苟，等等。如果能使他们的潜能和优势得到充分的发挥，便可取得惊人的成绩。一位作家说过："人人都是天才。"要让孩子的潜力充分发挥出来，就要帮助孩子去发现"我能行"、"我哪点最行"、"我哪一点会更行"，"没有笨孩子，只有潜能尚未发挥出来的孩子"。要使孩子明白这些道理，就需要家长多下工夫，要善于发现孩子的长处。

 **金玉良言**

　　对孩子潜能的培养，是一种素质教育。当今社会更注重的是能力，家长想把孩子真正培养成才，只有耐心地挖掘孩子的潜能，寻找适合他们的位置，才是当务之急。

四、不要折断孩子飞翔的翅膀

每个孩子都有很强的创造力，由于他们的思想没有受到过多的束缚，所以他们敢想、敢做，对周围新鲜的事物表现出浓厚的兴趣，爱提问，喜追究。有些时候他们说的话、做的事在我们成人看来非常幼稚，可就是这些"幼稚"的言行举止，往往表现出孩子的创造力。父母应该注意发现孩子的创造力萌芽，保护孩子最原始的创造意识和创新精神，才能使他们的创造性得以持续和发展。有位名人说过："儿童本性中潜藏着强烈的创造欲望，只要我们在教育中，注意引导，并放手让儿童实践探索，就会培养出创造能力，使儿童最终成为出类拔萃的符合时代要求的人才。"否则，孩子的创造力就会被抹杀，他将只能在模仿顺从中长大，失去创造的机会、条件和信心，最终成为一个平庸、缺乏创新、没有独特见解的人。

父母在日常生活中，要善于运用一些能启发孩子创造力的方法，这样有助于激发孩子的创造能力。例如尽可能让孩子有参与家中事务的机会，并尽量采用他的意见。利用一些开放性的问题，比如说："勺子可以用来做什么？"以此来激发孩子提出一些意想不到的用途。还有，提出一些突发性的问题，例如，"你在公园走丢了，应该怎么办？""怎样摆放东西房间看起来会更整齐？"拿一些"假如"、"想象"的问题跟孩子一起讨论；给孩子找一些现有的物品，让他对这些东西进行"改良"、"创新"；经常给孩子一些鼓励，让他尝试着接触一些新事物……这些方法对激发孩子的创造力都大有益处。

不要折断孩子飞翔的翅膀。

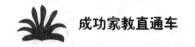

事例：

李玲的儿子现在在某初中就读，在她的严格要求下，儿子学习十分刻苦，可尽管这样，儿子每次的考试成绩还是很不理想。老师给他的评语是：学习努力，但创新不足，希望能够活学活用。看着这样的评语，儿子闷头不做声。李玲训斥儿子道："成天只会读死书，你怎么那么笨，脑子就不会灵活一点吗？小的时候不是挺机灵的！"说的次数多了，有一次李玲刚教训完他，没想到儿子突然回了一句："你不是总教训我说让我老老实实的吗？"听了这句话，李玲怔住了，她回想起了儿子小时候的事。

李玲的儿子在小的时候性格很开朗，活泼好动，不是翻这个就是碰那个。有时候，李玲刚刚把狼藉的房间收拾好，可不出 10 分钟，儿子马上就又会把屋里弄得乱七八糟。面对儿子的这种行为，李玲烦不胜烦。为了保持家里的整洁，她每天把儿子从幼儿园接回家以后就把他关进小房间，让"受灾"面积减到最小，直到吃饭的时候才会把他叫出来。

有一次，李玲给儿子收拾房间，发现他竟然把小闹钟给拆了，桌子上到处扔满了零件，表盘却被装在了他做的小木船上。李玲见状不由分说就是一巴掌。从那以后，只要李玲一看到儿子准备动哪样东西时，就大声喝斥他："不准动！给我老实点！"就这样在李玲的监督下，儿子确实比以前老实了。

那年放暑假，李玲把儿子送到了农村奶奶家，可是回来后，李玲觉得儿子的行为举止怪怪的。李玲发现他总是躲在房间里不愿出来，吃饭也是急匆匆的，吃完就回自己房间，而且脸上还有一丝兴奋的表情。李玲觉得儿子肯定有什么事，于是她决定到儿子的房间内一探究竟。这天吃过晚饭后，李玲悄悄跟着儿子来到了他的房间，令她惊讶的是儿子的屋内竟然异常整洁，平常开着的空调这会儿也关着，而他却满头大汗地蹲在床上，身上还披着被子，见到李玲进来以后，儿子讨好般地冲她笑了一下。李玲又开始发起脾气："天这么热，你把空调关掉又在这搞什么鬼！"李玲没等孩子开口说话，就一把掀开了他身上的被子。儿子屁股下面竟是一堆鸡蛋！"妈妈，我想看看我能不能像奶奶家的母鸡一样孵出许多小鸡来。"儿子向李玲满脸堆笑道。李玲再也按捺不住心中的怒火，扬起巴掌向儿子脸上挥去："你什么时候才能不让我操心，就不能老实点！"儿子吓得一屁股

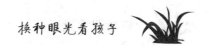

坐到了鸡蛋上，沾了一裤子鸡蛋汁，半天才哭出声来。

后来，李玲的儿子真的像变了一个人似的，比以前乖巧了许多，上学也从不再迟到早退，又能及时认真完成作业。李玲心想：这下儿子肯定会有个好成绩的。

可是没想到的是老师对孩子的评价竟是这样：李玲这才意识到是自己把儿子变成这样的，是自己折断了孩子飞翔的翅膀！

孩子天生具有创造力，而且婴幼儿时期是创造力发展的开始阶段，幼儿期和学龄期是培养和发展儿童创造力的重要时期，这个时期的孩子都非常渴望自己动手去创作一些东西，此时所奠定的基础可能会影响到人生发展的全过程。这时不仅是智力发展的重要时期，也是个性形成和发展的关键时期，因此父母一定要在这个时候注意开发、培养孩子的创造力。

有许多家长反映自己的孩子缺乏创造力，造成这种情况的原因有很多，但不容忽视的原因之一就是阅读范围有限，因此家长应该在孩子小的时候多买一些动画书、卡片等，还可以常常和孩子一起讨论。"想象力是智力活动的翅膀"，父母和孩子进行讨论的时候，要多向孩子发问，让孩子通过回答这些问题来打开思路，从而提升孩子的思维能力。但是父母一定要注意，要想激发孩子的潜能及创造力，必须掌握向孩子发问的形式和技巧。这样做不仅可以增进亲子关系，还能激发孩子的思考能力，增强孩子的表达能力。例如家长可以多问一些这样的问题：砖头可以用来做什么？几加几等于 12 等。不要只问对或错的封闭式问题，当然最好依据孩子的能力发问。孩子有着很强的求知欲，他们看见不明白的事情就会发问，所以父母们对孩子提出的问题一定要耐心回答，不能用虚假的答案或者拒绝回答孩子。

金玉良言

　　有创造力的孩子对人、事较敏感，点子多，问题也多，而且不会满足于简单的答案，常常打破砂锅问到底。他们有自己独特的见解；做事总是不按常理出牌；幽默且富于挑战精神；而且多才多艺。面对孩子的创造冲动，父母要耐心地鼓励孩子多读多看，多倾听孩子的想法，尊重孩子的意见，努力培养孩子的创造能力。

五、发现孩子身上的闪光点

相信孩子，才能一手造就天才。著名球星普拉蒂尼的经历就说明了这一点。

普拉蒂尼是位家喻户晓的足球运动员，曾在 1984 年夺得欧洲锦标赛冠军，后又在优胜者杯、超级杯、冠军杯和丰田杯赛中获得冠军的殊荣。连续三年被选为欧洲足球先生，荣获金球奖，被誉为"任意球之王"和足球场上的"拿破仑"。

普拉蒂尼说："我的家庭在我的生活中始终占据着重要的位置。我的父母既是我最热情的支持者，又是我最严厉的批评者。多亏了父亲，我才有今天的成就。假如我父母不帮助我，假如他们拉我的后腿，或者阻挡我走自己的道路，那我真不知道自己会是什么样子。"

当年，普拉蒂尼的父母尽管知道在大约 200 万持有证书的足球运动员中，仅仅只有 500 人能够进入职业运动员的行列，但是他们仍然消除了种种忧虑，从物质上和精神上支持他。

他的父亲说："我之所以让步，是因为我预感到孩子所做的一切完全有可能获得成功。"

父亲决定让他朝自己喜欢的方向去发展、去努力。

普拉蒂尼 15 岁时已经是少年运动员。父亲觉得他有踢足球的才能，决定让他中断高二的学习，把全部时间都用在足球上。

尽管普拉蒂尼的父母在家中想尽一切办法使孩子生活得舒服一些，但他们从不向孩子灌输疯狂追求荣誉的思想。他们从不乱给孩子零用钱，不管是吃的、穿的或是用的，都不允许浪费。他们爱孩子，但绝不是溺爱。

他们这种教育的基础，主要是他们对爱、对生活、对信仰等都有正确的价值观念。

他们全力支持孩子的事业和前途发展，努力培育优秀的孩子，把孩子的幸福看做主要财富。因此，普拉蒂尼在心理上和身体上都很平稳和谐，对生活、事业有责任感，而且在足球事业上获得了巨大的成功。

普拉蒂尼说："这一切都归于我父母的胆识，他们甘冒风险，不让我走一般市民的成功道路（现成的、平坦的）。他们适时地放弃了一些'准则'，让我离开了那种'直路'，而让我在足球运动中闯出一条自己的路。他们或许意识到从事这种职业的危险性，但他们从不让我半途而废。"

父亲一直关注着普拉蒂尼的事业，当他与尤文图斯队的合同期满时，父亲给了他恰当的建议："跟他们签订延长一年的合同，你不能在31岁时就改变你的足球运动员的生涯，那些人待你不错。"

普拉蒂尼采纳了父亲的建议。

父亲是他的第一个支持者，母亲则是第二个。父亲凭自己的丰富经验，对他的前途看得很准，而母亲自从赞成他从事职业足球后，就用大量的时间和精力坚持不懈地支持他。在普拉蒂尼长达15年的足球生涯中，母亲从没错过他的任何一场重要的比赛，不管赛场设在什么地方、哪个国家，只要普拉蒂尼参加比赛，他的母亲总是出现在看台上。

父母的支持与信任，是普拉蒂尼成才的关键。

天才并不容易造就，不是每一个孩子都能成为天才的。然而，只要父母对孩子充满了信任和鼓励，看准了方向认真去教育，那么你的孩子就一定能有所成就。

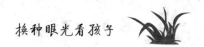

 **金玉良言**

　　善于发现孩子的优势与潜力，就是发现孩子最大的生命价值。孩子不可能是完全相同的，所以，家长要根据孩子的优势来发展自己的孩子。培养孩子最大的成功，在于按照孩子的特长和优势，把孩子放在一个特定的位置上，努力将孩子某一方面的潜能和特长发挥到极致。

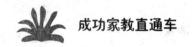

六、相信孩子的能力

　　有些家长时常会抱怨自己的孩子能力太差，什么事都做不好，只知道依赖家长帮他解决一切问题。其实，这并不是孩子的错，是教育方式不当造成的。很多家长都不相信自己的孩子，经常用一种怀疑的眼光去看待孩子。对孩子否定和责备太多，肯定太少，包办代替太多，孩子自主性被严重束缚。这都是造成孩子独立自主能力差的原因。因此，家长一定要相信孩子的能力，相信他一定行，这样孩子才能越来越自信，将来才有勇气面对更多的挫折和困难，否则，他的自理能力将越来越差，以后做任何事都可能要依靠别人。

　　孩子的成长是一个不断学习的过程，不管他做任何一件事情，都需要经历从"不会"到"会"的过程。如果你不让孩子去做、去试，孩子永远也学不会。人们经常会说懒妈妈能教育出勤快的孩子，其实不是没有道理的。家长不妨适当地懒一下，给孩子一些锻炼的机会。比如孩子第一次倒洗脚水，如果妈妈一直担心孩子会被热水烫着，那么孩子永远也学不会自己倒水。要让他自己尝试着去倒，告诉他怎么拿把手，怎么拔木塞，同时怎么避开水流方向，孩子自己不是一样倒得挺好的吗？所以说，要想给孩子一个成功的未来，就请相信孩子。

　　相信孩子就是助孩子成功。

事例：

　　张女士在儿子两岁半时将他送进了幼儿园。尽管儿子在家里会用勺子吃饭，会用杯子喝水，甚至会自己脱鞋爬上他的小床，可是她依然对儿子不放心，每次接孩子时还是忍不住向老师打听他在学校一天的情况。老师总是说："不错啊，有的时候吃饭还会得第一呢。"张女士既惊喜又怀疑，她担心老师是不是夸大其词了。尽管老师一再夸奖孩子表现很好，可是张女士在周末的时候，还是忍不住要管孩子的事情。

转眼间，儿子已经开学一个月了，学校通知家长召开家长会，这次家长会让张女士受益匪浅。老师们都非常理解家长不放心的心理，首先就放了一段孩子们在幼儿园生活学习的录像，家长们都惊呼孩子的变化和进步。接着是告诉家长教学计划，其中生活能力包括自己吃饭，饭后把餐具放到规定的地方；自己喝水，水杯放在固定的位置；自己上厕所；自己上床入睡；遇到困难时，会主动寻求成人帮助等等。最后，老师告诉家长，希望他们能配合学校的工作，在周末的时候不要替孩子包办太多事情，否则孩子星期一来上学的时候会有情绪，张女士听到这里，觉得自己的做法确实欠妥，以后应该多给儿子机会，不再干涉他了。

可是，等真正放手让孩子自己去做事情的时候，张女士又不放心，她总嫌孩子做得不好，有的时候就是瞎捣乱。有一天，张女士向妈妈发牢骚道："都说让小孩子自己动手好，可有时候我还得再重新干一遍，真是费时又费力。"妈妈笑着回答说："你以为教育孩子是件很简单的事吗？小的时候你做过的事情我又重做了多少回？""真的吗？那您当时为什么不告诉我们呢？还自己再做一遍。"妈妈点着张女士的鼻子道："你以为我没说啊！不过你们那时候那么小，我就一边教你们干，一边帮你们干。现在，你们不是都很能干了。小孩子嘛，刚开始干不好是难免的，谁也不是天生就会把那件事干得很好的。"张女士觉得妈妈的话说的很有道理。是啊，作为母亲，不能因为孩子刚开始干得不好就剥夺了他们练习的机会。相反，我们应该多给孩子创造锻炼的机会，要相信孩子的能力。

从那以后，张女士彻底放开了手脚。孩子的动手能力强了，进步也非常快。每当孩子自己做好一件事，张女士就会夸张地竖起大拇指对他说："宝宝你真棒！"孩子做不好的时候，她会鼓励他："咱们再来一遍吧。"当孩子连续几次努力都不成功想要放弃时，张女士就会告诉儿子："和妈妈一起做好吗？"孩子经常会骄傲地对她说："妈妈，我自己的事情自己做。"张女士也会向其他的孩子妈妈骄傲地说："看，这些都是我儿子一个人完成的。"

相信孩子，放开你的手吧！

许多家长都有这样的心态：孩子太小，还没有能力完成那么多的事情，作为母亲，要多替孩子做点事。这样做的结果往往是孩子过多的仰仗和依靠家长，做事情畏首畏尾，自立能力偏低。其实，我们的孩子有足够的想法和能力，就因为母亲对孩子过分担心，才导致了孩子缺乏锻炼的机会，降低了他们的社会实践能力。过多的知识积累并不能变成实践能力，这样的孩子往往是眼高手低。所以，家长一定要相信孩子能行。对于孩子的一些合理的实践要求，不要过多地干涉和阻止。在孩子实践的过程中，多给他一些鼓励和支持，让他勇于探索，只有这样，才能提升孩子的实践能力。

 金玉良言

相信孩子，放手让孩子自己去做事情。每个孩子都希望自己是最棒的，有些孩子成绩上不去，屡遭挫折，心理很压抑，心情十分烦躁，他们多么希望父母能鼓励一下自己，这样他们就不会有那么大的压力了。如果家长不理解孩子此时的心情，甚至经常对孩子不厌其烦的唠叨，那么即便你是一片好心，孩子也不会领情。而且还有可能招来孩子对你的反感，更甚者会伤及孩子的自尊心，导致孩子形成自卑、怯懦、缺乏进取的勇气以及厌学情绪。相反，如果家长对孩子有信心，即使他们遇到了困难，也会充满自信，相信自己一定有能力战胜困难。

第七章
睁大眼睛看孩子的优点

人的空想是没有止境的，儿童的空想更是一望无际。由于孩子的心灵比成人的心灵更加秘密，儿童的心灵是一尘不染的，而被生活所磨炼出来的成长，心灵深处却明显存在着这类纤尘的污痕。

——高尔基

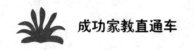
一、做孩子的淘金人

每个孩子都有他独特的闪光点，尽管有的时候学习和生活上出现问题，但是他们一定会拥有自己的特长，只是我们不容易发现，没有认真地去观察。一个孩子身上的优点好比是一张大白纸，身上的缺点好比是白纸上的小黑点，我们往往比较容易发现白纸上的小黑点，对于这张大白纸视而不见。孩子的许多优秀品质我们没有发现，反而盯住某个缺点大做文章。

中国青少年研究中心副主任、研究院孙云晓教授曾说："你今天回家去发现孩子的优点，能够发现 10 个的，说明你是优秀的父母；能够发现 5 个的，只能说明你是个合格的父母；不能发现的，是不合格的父母。"乖孩子身上的优点做家长的比较容易发现。而面对调皮的孩子，家长有时真的很难发现孩子的闪光点，真的是这些调皮的孩子身上没有闪光点吗？当然不是，那是因为调皮的孩子的优点往往藏匿在众多的缺点背后。所以父母和老师更应该善于发现顽皮孩子身上的闪光点。

调皮的孩子虽然不听话，但是他们可能很有自己的想法；他们不愿意去学校，可能因为他太沉迷于自己的世界里；他没有纪律观念，但他可能是个很有爱心的人；他不想做家庭作业，但他可能有很强的动手能力。其实，每个孩子身上都有自己的优点，没有任何孩子是一无是处的，只要家长细心观察，就总能发现调皮孩子身上的优点。

其实，有的时候家长的一句安慰的语言、一个鼓励的眼神，都有可能影响孩子的一生，都有可能促进孩子的进步与发展。如果我们在发现孩子身上的优点时，能够及时地赏识他，让他从心里认可我们，那时我们说的话，他们或许听得更仔细，起到的教育效果也就更好。但是有一点我们还是要明白，那就是孩子犯错误后，改正错误是需要一个过程的，这个过程中，他们可能还会不断地出现反复，作为孩子的父母一定要给孩子更多的机会，让他们慢慢地改正自己的缺点。当然，孩子离不开父母的赏识，这就像人离不开阳光和氧气一样，调皮的孩子更是如此。

孩子就是一张白纸，如果我们教育方法得当，一定可以和孩子一道在这张白纸上画出最新、最美的图画，甚至可以覆盖那个"小黑点"。让黑点也成为美丽图画的一部分！在每个孩子的身上都有美丽的闪光点，只要父母愿意去鼓励他、支持他，闪光点的力量就会不断强大，不断向着更好的方向迈进。

有人说得好，坚持登一座山峰的人，一定会到达顶峰。一辈子坚持只做一件事的人，一定会成功，并且会成为一个强者，一个专业领域中的佼佼者。但是一条路坚持不懈走到底，最终能否获得成功，还有个关键点，那就是选的路对不对，是否适合自己。

事例：

皮皮是个调皮的孩子，平时不愿意做功课，特别喜欢调皮捣蛋。老师批评了很多次，但是效果一点都不好，皮皮还是我行我素，就连上课的时候也不闲着。这让妈妈很是伤脑筋。

就这样，皮皮的功课没有起色，老师经常找妈妈告状，妈妈也是无可奈何。有一天皮皮跟班里的男生打架了。妈妈又被老师叫到办公室教育了一番，一路上妈妈非常生气，心想回去一定要好好教训这个捣蛋鬼。

回到家以后，妈妈就把皮皮拉过来问："说，你为什么和别人打架？""我不是成心的，妈妈。我看到他们欺负女同学，我跟他们说好男不跟女斗，他们就笑话我，于是我一生气就给了那人一拳。"妈妈听了以后，忽然认为自己的孩子很有责任感，气也就消了大半，语言也稍微缓和了一下说："那你也没有必要出手打架，你可以告诉老师，让老师来处理这件事情。""妈妈，我当时太激动了，实在不好意思。"看到孩子眼睛里充满了单纯，妈妈从心里原谅了孩子，并耐心地对他说："孩子，我看到了你身上的闪光点，你是一个很有责任心的好孩子，在妈妈眼里，你从来都不是个坏孩子，所以以后不要让妈妈失望，一定要听老师的话，不要意气用事了。要不然妈妈会很担心你的。"

听完妈妈的话，孩子点了点头，从那以后皮皮很少调皮捣蛋了，反而在学习上开始认真起来，在新学期评定上皮皮还当上了小队长，这真是一个意外的收获，妈妈从此看到了希望。

一位教育家曾说过："人活着不是为了极力掩盖缺点，而是为了不断发挥优点。"孩子也是这样。我们不应该让他们成长在缺点的旋涡中，而应该让他们成长在优点的激励中。所以，即使你的孩子再调皮，也不要过分评论他的缺点，而应该努力发现他的优点。让我们在教育自己的孩子时，充分认识到这一点，让孩子把自己的优点发扬光大，这才是为人父母应该做的。愿我们的孩子都能够在赏识下，健康、快乐地成长。

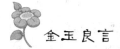 金玉良言

每个孩子都是蕴藏丰富的金矿，父母要善于做淘金人，将孩子身上闪光的一面不断放大，让他们的人生充满鼓励，充满激奋，使他们不断进步，开拓自己精彩的人生。

二、发现孩子的优点

　　每个孩子都是家长的希望，因此对于孩子的教育是十分重要的，尤其是家庭教育更是必不可少的。现在的父母都是望子成龙、望女成凤，但是对于孩子的教育，家长是占有绝对重要的位置的。因为家长是孩子的第一任老师，是孩子生活中最亲近的人，家长怎样对待孩子，对于孩子的将来有深远的影响。

　　家长要注意，在日常生活中要善于发现孩子的"闪光点"，也许家长会认为自己的孩子没有什么可以值得夸耀的地方，但是，每个孩子都一定会有自己的长处。作为家长，要在生活中注意并善于发现孩子的优点，并根据孩子的特点加以引导，促进他们进步，还要及时给予表扬和鼓励，使他们认识到自己存在的价值，增强自信，促进孩子的个性健康发展。

　　现代社会是一个充满竞争的社会，要想让孩子在这个社会中站稳脚跟，可谓任重道远。家长要努力去发现孩子的闪光点，充分调动孩子学习的积极性和主动性，给他们以信心，就能让他们充分发挥自己的潜力，为自己创造出一个美好的未来。

事例：

　　有一个人在朋友家做客，把怀表弄丢了，这个怀表很珍贵，是他爷爷留给他的纪念品，所以心急如焚。因为怀表是在朋友家里弄丢的，朋友有些歉意。他对自己儿子说：你也来帮叔叔找找。如果找到了，爸爸买巧克力给你吃。听到找到了就会有自己喜爱的巧克力，男孩也加入了寻找怀表的队伍。可他们忙了半天，依然一无所获。这时，女主人回家了，她安慰客人道，你放心，只要是在我家，一定能找到。你们该办什么事办什么事去，怀表由我来找。其他人都出去了，只留下女主人一个人静静地在沙发上坐着。这时，客厅里悄然无声，但却有一个小小的声音从客厅的一个角落传来。滴答、滴答、滴答，女主人寻声找去，在一个沙发坐垫的缝隙中找到了怀表。事后，男主人问："我们怎么找了这么久都没找到，而你一下子就找到了？""因为客人心里有一份着急，你心里有一份歉意，儿子心里有的是巧克力，而我心里只有怀表。"女主人说，"只有保持心中的宁静，你的心中才能放下怀表。对待我们的孩子也是一样，不要总是把眼睛盯着别人孩子的长处，却很少能发现自己孩子的长处。其实即使是人们眼中所谓的坏孩子，也一定会有自己的闪光点。关键是有的家长心浮气躁，容易受潮流的影响，总是把目光投向那些获奖考级读名校之类的显性成绩，却忽略了一些孩子所具有的爱心交往能力、思维活跃合作能力等隐性品质。"男主人也很有感触，于是用心观察了他们的儿子，说："我们的孩子原来这么可爱。"

家长要注意，不要孩子一有什么过错就把他批驳得一无是处，而是要善于发现孩子的闪光点。闪光点就是孩子身上体现出来的优点和长处。任何一个孩子都有自己的优点和长处，每个孩子都不例外。家长要善于发现学生的闪光点，就是千方百计让自己孩子的闪光点有用武之地，使孩子的自尊心增强，上进心得到强化，孩子就会进步。

只要细心观察，最终都会发现孩子的闪光点。除了多观察外，家长还应多了解和多关心孩子，多和孩子谈谈心，去了解孩子真正需要的是什么，在孩子犯错误的时候少发火、不体罚。只要认真地用心去观察你的孩子，就不难发现孩子的闪光点。

每个孩子都希望家长给予肯定和认同，如果家长能细心观察，就会发现其实你的孩子是有闪光点的。然后，将孩子的特长渐渐地培养成孩子的优势，逐渐树立起孩子的信心。最后，引导孩子其他方面也要向自己擅长的方面看齐，就能使孩子真正做到"一专多能"。

五根手指有长有短，孩子的能力和天赋也是参差不齐的，家长若是只盯着短的那根手指，想让它们和长的那根一样长是不可能的，所以，要充分利用长的那根。培养孩子，就是要发现孩子的长处，并努力寻找真正有利于孩子特长的方式来教育孩子。

 金玉良言

孩子是一个多面体，每一孩子都有他擅长和不擅长的方面，家长尽量不要在他不擅长的方面做太多的负面评论，不然孩子也只会注意到自己在某方面的不足，就连自己擅长的方面都会忽略，这样就阻碍了孩子的正常发展。

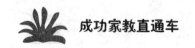

三、善待孩子的不足

　　每一位家长都希望自己的孩子很优秀，但是往往有的家长急于求成，对于孩子的不足不好好对待，而一味地强硬要求，这在家庭教育中是最不可取的。要知道，"金无足赤，人无完人"。世界上十全十美的人是没有的，何况是正在成长的孩子。家长要有一颗包容的心，不要强求孩子任何事情都尽善尽美，家长应善待他的不足，使孩子更快乐的成长。

　　家长大多有这样的经历，在教育孩子的时候，往往不会得到孩子的理解，有的孩子还会产生逆反心理，还有的孩子甚至当面顶撞，这是什么原因造成的呢？其实，家庭教育观念至关重要。

事例：

　　小赵是位母亲，每当说起自己10岁的儿子时，眼圈都是红红的。小赵最怕接到儿子班主任的电话了，因为她上小学三年级的儿子在班里是出了名的调皮捣蛋，不是昨天上课讲话被罚站，就是今天作业做不好挨批评。更让小赵头疼和害怕的是，儿子居然还几次悄悄拿同学的东西甚至是钱。这在小赵看来，儿子的行为就是偷窃，简直天都要塌下来了。小赵接儿子放学，两人之间最频繁出现的是这样的对话："今天，老师说你又犯错误了，你说怎么回事……""我没有！"儿子总是本能地否认，然后，母子两个都没了好心情。每当接到老师的告状，小赵就气急败坏地回家教训儿子，越说越来气，想到一次次骂了不见效，有时候急起来就打，打完了觉得自己很失败，又恨儿子不争气，小赵就和儿子一起哭。小赵苦恼地说："为了让儿子改好，我软的硬的什么办法都试过了，可是都没有效果。我对孩子原来的期望很高，可是现在……看看别人家的孩子都这么优秀，我都快要绝望了。"

据了解，小赵是一位乡镇干部，管着单位里大大小小十几号人，还要三天两头协调处理群众之间的大小纠纷。小赵很注重自己的形象，在单位里对自己要求很高，做工作总是力求尽善尽美，对待别人热情周到，有烦恼和委屈尽量不表露在脸上，因此，小赵时常觉得工作累、压力大。有时候会把工作中的烦恼情绪带回家。回家后，看见儿子写字潦草，或在学校又犯了错误，就更烦躁，忍不住就冲儿子发火。而且和儿子的谈话好像都是批评他的，没有肯定过他。小赵也承认她对儿子很少有亲切或鼓励的举动。

其实，做家长的都希望自己的孩子是一个优秀的孩子，但是在管教孩子的时候，所采用的方法就很重要了。家长管教孩子的方法会影响孩子的一生。不当的责骂，会在不知不觉中伤害孩子，家长应该学会自我控制，不能将怒气全都发泄在孩子身上。每个孩子都或多或少地存在着一些缺点和不足，家长们要正确对待这类孩子身上存在的缺点，要善待他们的不足，循序渐进地帮助他们改正。不要总是揪住他们的缺点不放，孩子都是有逆反心理的，这样会导致他们的弱点逐渐强化，从而对家长的教育产生阻碍。家长应放大孩子的优点，以赞扬的方式帮助孩子改正缺点，进而端正自己的态度。

做家长的，最欣慰的是看到孩子有优良的表现，而最痛心的莫过于看到他们做错事。对于孩子的缺点和错误，许多家长总免不了严厉地批评、指责。但是，孩子是充满稚气、心智还未成熟的，此时，不仅需要家长恰如其分地批评，更需要用亲切的语气，慈爱的态度，中肯的话语来善待他们，给他们勇气直面错误，给他们空间改正缺点。

当孩子犯了错的时候，不应过分地去批评、指责，应该用友善的态度对待，才能使孩子改正他们的不足。家长要在批评孩子的同时，先表扬孩子的优点，再指出孩子的不足，最后再提出要求，并鼓励其改正错误和向自己的要求努力，这样，孩子就比较容易接受。孩子有了缺点，应该及时用疏导的方法教育引导，逐渐使他们摒弃自己的不足。还有，在公众场合，家长应该用手势或眼神来提醒孩子，不要当众批评，不要给孩子留下心理阴影或者伤害孩子的自尊，这样会使教育效果适得其反。

诚然，孩子犯错的时候是教育他们最好的时机。但是当他们犯错的时候，自己已经知道犯了错误，在内心深处已经明白了自己的不对，家长对于他们的批评，点到为止就可以达到效果。如果家长能在他们的错误中看到他们的优点，不仅能让孩子改正错误，还能让他们的自尊心得到尊重，效果也比直接严厉地批评要好得多。

 金玉良言

> 有位哲人说过，"天空收容每一片云彩，不论其美丑，故天空广阔无比；高山收容每一块岩石，不论其大小，故高山雄伟壮观；大海收容每一朵浪花，不论其清浊，故大海浩瀚无比。"孩子犯了错误，家长的心胸就要像天空和大海一样，善待他们的不足，否则过于严厉，就会给孩子造成永久的心灵创伤。

四、发展孩子的优势

自然界有一种补偿原则，当一个人在某方面很有优势时，肯定在另一方面有不足；当一个人在某个方面拥有缺点时，可能又在另一个方面拥有优点。如果你想要自己的孩子出类拔萃，就必须腾出时间和精力来把他们的强项磨砺得更加犀利。要知道，世界上没有两片完全相同的树叶，每个人的天赋也是不同的。你的孩子也许在某个方面表现突出，而其他方面则可能有所欠缺。

所以，做家长的最好能帮助孩子集中智慧、潜能、优势，寻找一个与之相符合的发展方向，这样成功的机会才可能多起来。

一个人的性格天生内向，不善于表达，你却要他去学习演讲，这不仅是勉为其难，而且还浪费了大量时间和精力。一个人天生有心脏病，你却要他去练习长跑，这不是要他的命吗？

事例一：

一只小兔子被送进了动物学校，它最喜欢的是跑步课，并且总是第一；它最不喜欢的是游泳课，一上游泳课它就非常痛苦。但是兔爸爸和兔妈妈要求小兔子什么都学，不允许它放弃。

小兔子只好每天垂头丧气地到学校上学，老师问它是不是在为游泳太差而烦恼，小兔子点点头。老师说，其实这个问题很好解决，你跑步是强项，但是游泳不足。这样好了，你以后不用上游泳课了，可以专心练习跑步。小兔子听了非常高兴，它专门训练跑步，结果成为跑步冠军。

小兔子根本不是学游泳的料，即使再刻苦，它也不会成为游泳能手；相反，它专门训练跑步，结果成为跑步冠军。

也许孩子此生进不了名牌大学，但是这并不意味着他就一定比名牌大学毕业的学生差。我们相信，只要他愿意，善于经营自己的强项，他也一样会很优秀，甚至更好。

在漫漫的人生旅途中，找到孩子的强项，也就找到了通往成功的大门。帮他们选准自己的坐标以后立即行动。

在生活中，其实每个孩子都渴望能经常得到家长的关注，特别是赞许的目光，对孩子来说，这是非常需要的。但是有些家长对孩子的优秀品质往往视而不见，不给予表示，其实，优秀的孩子是多方面发展的，家长不要只从某一方面或某一角度来看孩子，换个角度也许效果就不一样。

事例二：

很早以前，英国有一个叫麦克劳德的小学生，对动物非常好奇，特别想知道狗的内脏到底怎么长的。终于有一天，好奇心促使他将校长心爱的小狗杀了以探究竟。为此，校长当然要惩罚他，不过校长既没有大发雷霆，大打出手，也没有像有些教师那样，传来家长发泄一通，责令赔款道歉，更没有满口"开除，开除"不容商量，而是要求麦克劳德解剖小狗后，画出一幅骨骼图和一幅血液图。他愉快地接受了惩罚，也出色地完成了任务。这两幅图现在收藏于英国皮亚丹博物馆。麦克劳德后来成为有名的解剖学家。

如果这件事情放在现在的各位家长身上，其结果可想而知，也许能够保证这个孩子今后一定不会犯类似的错误，但是也就不可能使这个孩子成为一个解剖学家了。在这里，并不是要家长去纵容孩子的错误，但是，换个角度来看，"错误"也许能成就伟大。

麦克劳德是幸运的，那位伟大的校长换了一个角度去观察他的学生，成就了一位伟大的解剖学家。那么，这位校长的做法对于各位家长想必会有很大的启示。作为家长，为什么不能够做到换一个角度去看你自己的孩子呢？

由于孩子的日常生活大都较有规律，当他一成不变的生活环境中突然出现新鲜的人或事时，往往会表现得很兴奋。家长有时候放松了对他的约束，孩子往往很难在短时间内平静下来，于是人越多，孩子越喜欢表现。但是，换个角度来看，孩子喜欢在众人面前表现自己，也正是他有自信的表现。

家长一旦对自己的孩子投入过多的爱，就容易急功近利，失去平常心。对于孩子的某些不足抓住不放，其实，这些都是家长爱孩子的表现。但是，如果换个角度来看，也许会发现，孩子是很优秀的。

许多家长都在抱怨，自己的孩子一无是处，许多家长都很担心自己的孩子如果没有优点和特长，将来怎么立足于社会。其实，这个问题的根本不在于孩子，而在于家长。

孩子的才能是多方面的，家长往往只看到了孩子最不起眼的一面，还会盯住这不起眼的一面而抹杀孩子的全部。如果换个角度来看孩子，家长也许就会惊奇地发现，自己的孩子还真的有闪光的一面，甚至是光辉的一面，这需要家长去改变，并不是所有的孩子都像麦克劳德那样幸运的。

父母在教育孩子的过程中也常常会犯这样的错误，他们总是盯着孩子的缺点看，或者只盯着孩子行为的不良影响看，而忽略了事情都有正反两个方面，或许换个角度后，父母会发现事情对于孩子来说是利大于弊，孩子原先的缺点就成优势了。或许孩子没有按照你的意愿发展，或许孩子没有达到你预期的目标，或许孩子身上有你所认为的这样那样的缺点，但是，不妨换个角度来看孩子。比如说，把孩子的调皮看成是活泼，把孩子的问题多看成是喜欢探究，把孩子的拆装玩具看成是一次实践，把孩子的异想天开看成是想象力丰富……你会发现，孩子做任何事情都有其可爱之处，也都有其积极的一面。

不要因为孩子喜欢拆玩具而责骂他，也许你正在压制一位工程师的才华；不要因为孩子喜欢玩泥沙而阻止他，也许你正在扼杀一位建筑师的未来。要想发现孩子的闪光点，就不应该用一成不变的眼光来看孩子，换个角度，世界就会大不一样。

金玉良言

其实，每个孩子身上都有闪光点，只是家长往往忽视孩子身上的优点，只对孩子的不足之处抓住不放。要知道，孩子身上的那些闪光点是很宝贵的，发现和放大孩子身上的优点，无疑是增强孩子自信心的有效方式。保持正确的心态，不要因为羡慕别人的风景而忽略了自己身边的风景。

五、不要放弃自己的孩子

相信自己的孩子，不是容忍孩子一错再错的缺点，也不是盲目地溺爱。如果孩子有着几乎与生俱来的弱点，而父母又不顾实际情况，一味地恨铁不成钢，以恶言恶语、冷嘲热讽对待孩子，这会给孩子心灵造成难以愈合的创伤。

巴勃罗·鲁伊斯·毕加索，世界最具影响力的现代派画家。他的作品对现代西方艺术流派有很大的影响。他对 20 世纪的艺术史有着浓墨重彩的一笔，人们称他为"人类艺术史上罕见的天才"。

事例：

虽然毕加索有着惊人的绘画天赋，但他因在学校的表现，常常被同学讥诮为"呆子"。有时一下课，同学们就走到依旧怔怔发呆的毕加索面前，逗弄他："毕加索，2 加 1 等于几？"而毕加索的老师则压根就认为这孩子不具备学习能力，他的智力太低了，以至于这位老师多次跑到毕加索的父母面前，绘声绘色描绘毕加索的"痴呆症"症状。为此，毕加索的母亲又羞又恼，觉得自己简直没脸见人。

本来镇上的人们对毕加索的天赋大为惊异，现在他们则一反常态。要知道，天才肯定具有极高的智商，因而小毕加索根本就不是天才，单有绘画才能有何用处，他的父亲堂·何塞不就是一个落落寡合的小画家吗？他连自己的家人都养活不了！在本镇多数人看来，写写画画的人不是性格乖张，就是吊儿郎当。

整个社会似乎已有公论：毕加索是一个傻瓜。面对来自社会的讥嘲与蔑视，何塞绝不随波逐流，这不仅仅源自舐犊之情，而是他认为只有他才真正理解与赏识自己的儿子。如果从世俗的眼光来评价一个孩子，那么父母则极易为流俗所左右，而缺乏对孩子独特的发现与认识。何塞坚持自己的意见：毕加索读书不行，绘画却极有天赋。

为了掩饰自己学习上的落后，毕加索总是毫不费力地绘出才华横溢的图画。然而，不论怎样，嘲讽来得更猛烈了，小毕加索脆弱的心灵蒙上了阴影，他变得不爱说话，成天蔫头耷脑的。

关键时刻，是何塞给儿子注入了一针强心剂，让他了解到：天生我材必有用。

为了抚慰儿子受伤的心灵，拉近父子之间的感情距离，何塞开始坚持每天都送儿子去上学，到了教室里，他把带来的画笔、用做模特的死鸽标本放在课桌上。既然儿子读书不行，就不要勉强，相反过分强迫儿子去学习文化，最终会把儿子的绘画天赋也扼杀了，何塞这样想。

有了父亲的支持，毕加索每天都沉浸在绘画的天地里。课堂上，他对功课不闻不问，却对绘画有着过人的领悟与表达，只有在挥毫作画之际，毕加索才能找到自己的快乐。

这段时期，何塞成了儿子强有力的心理依靠，似乎离了父亲，毕加索根本没有勇气去面对生活。以至于他每天上学，必须在得到父亲会来接他回家的承诺后，才会松开父亲那温暖的手。

作为坏学生，在学校被关禁闭已成了毕加索的家常便饭。禁闭室里只有板凳和白色的墙壁，这样关禁闭便像过节一样使毕加索乐不可支，因为他可以带上一叠纸，在那儿没完没了地作画，直到傍晚，父亲在夜幕降临之前接他回家。何塞从来不会因此而粗暴地责骂儿子，他知道儿子在坚持不懈地追求自己的梦想。儿子关禁闭时丝毫没有忘记绘画。有什么理由去叱责他呢？

毕加索在父亲的影响下，重新恢复了自信，终于度过这段难熬的时期。作为父亲，何塞坚信自己的儿子能成功，而儿子也没有辜负他的期望，成了世界著名画家。

毕加索从小就很有艺术天赋，他会做惟妙惟肖的剪纸，还创作了许多惊人的绘画作品。左邻右舍都称叹不已，称毕加索为天才。然而，这个"天才"却不是一个优秀的学生，上课对于他来讲简直就是折磨，听课时他不是漫无边际地幻想，就是看着窗外的大树和鸟儿。而且他似乎永远都学不会枯燥无味的算术。他无奈地对父亲说："1加1等于2，2加1等于几，我脑子里根本就没去想。不是我不努力，我拼命想集中自己的注意力，可就是办不到。"

对毕加索巨大的艺术成就，人们总喜欢一言以蔽之：毕加索是人类艺术史上罕见的天才。其实，纵观毕加索青少年时期所受的教育与影响，应该承认毕加索是有绘画的天赋，但如果毕加索父亲不是那么相信他，毕加索也肯定成不了世人交口称赞的"天才"。

毕加索的父亲无条件地相信孩子，在关键时刻拯救了孩子。我们做父母的也应该尽可能地扬孩子所长，避孩子所短，使孩子身心都能得到健康的发展。即使他没有毕加索那样的天赋，也至少给他一个没有阴霾、充满阳光的心灵啊！

对于孩子全世界都可以嘲笑讥讽他，都可以遗弃他，而作为父母的你却不能，你要坚定地相信他，给他信心和勇气，让他敢于正视自己的弱点，发挥自己的优点，积极健康地对待自己、对待人生。

金玉良言

全世界都可以嘲笑你的孩子没有未来，唯独父母不能。你要坚定地相信，孩子身上有独一无二的优点，帮助他树立信心，培养他敢于正视自己弱点的勇气，让他积极健康地对待自己和人生。

第八章
放开手，孩子不是你手中的 "风筝"

　　教育自生命的诞生开始，人们不能单单地只想如何保护好自己的孩子，最重要的是，要教他在成年以后如何保护自己，如何经受住生活的考验，要教育他不把富贵、贫穷看得太重，要教他如何在冰天雪地或炎炎烈日下生存。所以，问题的关键在于，不是怎样防止他死去，而是教他如何更好地生活下去。

——爱弥儿

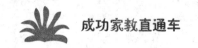

一、让孩子成为他自己

"如果我不能给孩子财富，那就给他寻找财富的信心；如果我不能给孩子智慧，那就给他获得智慧的信心；如果我不能代替孩子生活，那就给他生活的信心。"英国著名教育家斯宾赛在教育自己的孩子时这样说道。

孩子有自己的天性，应该得到自我发展的空间，而不是家长的木偶，也不是家长的奴隶。然而在现实生活中，很多父母并没有意识到这一点，他们往往过多地干预孩子的生活和学习，孩子吃什么、穿什么、玩什么、业余时间干什么、上哪儿去，都要接受父母严格的管教，毫无自由可言，这其实是教育的可悲之处。

事例一：

在美国，有一家人到某个餐厅用餐。服务生先问母亲点什么，接着问父亲点什么，最后问坐在一边的小女儿："亲爱的，你要点什么呢？"

女孩说："我想要热狗。"

"不可以，今天你要吃牛肉三明治。"妈妈非常坚决地说。

"再给她一点生菜。"女孩的父亲补充说。

服务生并没有理会父母的提示，他目不转睛地看着女孩，继续问道："亲爱的，热狗上要放什么？"

"哦，一点番茄酱和黄酱，还要……"她停下来，怯怯地看了一眼父母，而服务生一直微笑着耐心地等着她的回答。女孩在服务生目光的鼓励下，终于说："我还要一点炸土豆条。"服务生点点头，径直走进厨房，留下目瞪口呆的父母。

这顿饭小女孩吃得很开心，回家的路上，她还不停地又唱又跳。最后，小女孩走近爸爸妈妈，开心地说："你们知道吗？原来我也能够受到他的重视。"

仅仅是点菜这么一件小事，就让小女孩感觉到被重视和被尊重的快乐。小女孩的父母却连这样的小事都要替女儿做主，他们的心意是好的，希望女儿吃得更健康，但是关心过度，反而压制了孩子的自主性，让孩子因为不能自己做主而感到沮丧。

当孩子开始意识到自己的存在时，会强烈地要求自主，什么都想自己去做，这种要求是合理的、积极的，是他们生理和心理发育的必然。对此，父母要注意倾听和尊重他们的意见，并且放手让孩子自己做决定，只有这样才能培养孩子独立、自信、勇敢、沉着等好品格。

现在的家庭多数只有一个孩子，几代人的爱护和关心都集中在一个孩子身上，所以在家里，他们就成了"小皇帝"——没有妈妈一口一口地喂饭，就不肯自己吃饭；没有妈妈陪着、哄着睡觉，就闹着不肯睡觉；就连和小朋友在一起玩耍也要求家里大人陪着；在学习上遇到一点困难，第一个想到的是问父母，要求父母帮助解决，而不是独立思考。

有了依赖习惯的孩子大多缺乏独立思考和解决问题的能力，遇事无法自己做决定，父母也就谈不上尊重不尊重他们的决定了。因此，明智的父母应当首先要培养孩子独立思考和做决定的能力。

事例二：

小惠回到家里，对妈妈说："今天学校老师让大家报兴趣班。"

"是吗？那你报了什么？"

"嗯，我还没有决定呢。"小惠低头沉思。

"为什么没有决定？"妈妈有些好奇地问，"要不要妈妈帮忙？"

小惠摇摇头，"不要，我想自己做决定。"

"没问题，妈妈就把这个权利交给你了。"

第二天吃早餐的时候，小惠告诉妈妈，她决定报名学摄影。

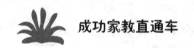

"因为妈妈也喜欢摄影。"小惠说出理由。

"那你自己喜欢不喜欢?"妈妈问小惠,"关键是你自己喜欢才行哦。"

"嗯,我喜欢,我觉得摄影是一件很有意思的事情。"

"但是可不好学哦。"妈妈补充道。

小惠认真地点点头:"我知道,但是我决定了。"

妈妈高兴地说:"好,既然你喜欢,那么我就支持你的决定。"

对孩子而言,成长中的每一次新的体验都意味着新的快乐。真正的教育,不是对孩子的生活全权做主,而是要兼顾孩子的感受,让孩子做自己的主人。如果把人生比作一场马拉松比赛的话,那么人生的过程就是不断克服各种各样环境干扰和身体不适,直至到达终点的过程。放开我们的大手,让孩子去感受比赛中克服困难的艰辛。即便我们预先发现有错误或偏差,也不要急于提醒和纠正,孩子只有经历了错误和挫折带给他们的磨炼,才会变得更坚强、更优秀,过多的提醒和包办只能让孩子越来越差。培养孩子的独立能力,才能让孩子更好的在社会中立足。

总而言之,家长要从尊重孩子的角度出发,给予孩子足够的学习时间和空间,只有在学校不用老师管,在家不用父母管,在社会上不用警察管,才会知道什么事情该做,并努力做到;什么事情不该做,并克制自己抵抗住各种诱惑不去做。给予孩子更大的自由去探索和研究自己感兴趣的问题,促使他们去关心现实、了解社会、体验人生,积累丰富的人生经验和实践知识。

 金玉良言

生活中的许多事情都一样,过犹不及。正如握一把沙子,握得越紧手里剩的反而越少,那些从指缝间漏掉的都是因为自己太用力的缘故。聪明的家长应该从中吸取教训,给掌心的沙子留点空间,也许就不会有沙子漏掉了。适当地放宽对孩子的管束,也许孩子将得到更广阔的天空。

二、不要太霸道

可能有一些父母认为，他们见过世面，所以比孩子更懂得人生和社会，只有他们才知道时代发展的动向，为了不让孩子走弯路，所以理所当然地要为孩子铺设一条光明大道。在这种认识下，许多父母忽视了孩子的兴趣，而把自己的观点强加在他们头上，结果造成了孩子的不幸。

事例：

李婷大学毕业后就到银行上班，她毕业于知名大学的金融系，工作对口，这的确很难得，而且在银行上班待遇好，周围的人都很羡慕她。

可事实上，李婷过得并不开心，她觉得自己像个机器人，每天除了核对、记账之外，就是往计算机里输入数据，这些重复性的工作让她感到越来越烦躁，闷闷不乐的她经常对父母发脾气。

原来她发脾气并不是无缘无故的。

李婷从小就听从父母的安排，父母让她做什么就做什么。在她选择大学的时候，父母已经在银行担任重要职位，因为有这个便利条件，他们想把李婷也安排在银行上班，就自作主张地为李婷选择了金融专业。李婷刚到学校就知道自己不喜欢这个专业，可父母不同意她转其他专业，李婷毕业后，父母也把她的工作安排妥当了。可是李婷工作得并不快乐，一说起工作她就愁眉苦脸，这种工作态度让她接到了不少投诉，她的父母也觉得有些尴尬，他们开始后悔当初没尊重女儿的意见，让她做自己喜欢的事。

有许多父母把孩子当做实现自己未实现梦想的工具，要求他们为自己争面子，所以就一味地把自己的意愿强加到孩子头上，而孩子无声的反抗则被父母视为顺从。

仔细想想，父母包办的背后其实有自己的私心——虚荣。很多父母都喜欢拿自己的孩子与别人的孩子做比较，如果自己的孩子比别人家的孩子分数高、学习好，似乎就有了向他人炫耀的本钱。

父母应该意识到，孩子是独立的个体，凡事都帮他们做决定只会毁了他们的前程，而摔跤往往会让孩子在以后的路上经得起挫折。

一个勇于为自己的事情做决定的孩子才有活力，也许他们会遇到一些挫折，可那些挫折终会成为他们的宝藏，让他们感觉生命是充满色彩的。如果孩子只能按照父母的决定去行事，即使父母的决定是正确的，也会让他们有一种窒息感。也可以说，随着孩子年龄的增长，他们知道的事情越来越多，能力变强了却不让他们主宰自己的命运，他们就会变得缺乏激情。当孩子意识到这一点时，虽然一直都比较顺从，但他们也会从种种方面进行不自觉的反抗，从而使教育效果大打折扣。

金玉良言

陶行知说过，"滴自己的汗，吃自己的饭，自己的事情自己干。"孩子渐渐长大，也变得很敏感，他们讨厌父母的强势安排，想要属于自己的人生。所以，父母不妨放手让孩子自己做决定，当然在关键的时候，父母也要适当地帮助他们。

三、有些路一定让孩子自己走

现在的孩子大多是独生子女，在家里不但有父母的呵护，还有爷爷奶奶的宠爱，于是孩子从小娇生惯养，家长不容他们受到一点儿委屈。很多家长甚至觉得，挫折是成年人的专利，和孩子无关，因为对未成年的孩子来讲，稚嫩的心灵太脆弱，经受不住各种各样的打击，即使打击是微小的。男孩还好，对于女孩，则更是百般呵护、千般关怀。除了对他们的学习坚决不肯妥协外，其他事情都持"好商量"的态度，只要孩子有求，父母就必有应。

事例：

有位捕鱼的人，他拥有非常好的捕鱼技术，人们都尊称他为"渔王"。可是没过多久，"渔王"就老了，他感到十分苦恼，因为他的三个孩子的捕鱼技术都很差劲，不要说跟他比，甚至跟普通渔民都比不了。

于是，他经常对人诉说心中的苦恼："我就是弄不明白，为什么我捕鱼的技术这样好，可是我的三个儿子没有一个赶得上我，甚至比别人还差？我可是从他们刚懂事的时候，就把捕鱼技术传授给他们，从最简单的东西教起，先教他们如何织网才最容易捕捉到鱼，再到如何划船才不会惊动鱼，最后教他们如何下网才最容易让鱼进来。随着他们年龄的增长，我又开始教他们如何识别潮汐和辨鱼汛。我把这些年捕鱼辛辛苦苦总结出来的经验都毫无保留地传授给这几个孩子，可是他们的捕鱼技术却一点儿也不高，现在居然比不上那些技术比我差很多的渔夫的孩子！"

一位过路人恰巧听到了这个渔夫的话，他问："你是一直手把手地教你的孩子吗？"

"当然，他们是我的孩子，为了让他们学会一流的捕鱼技术，我教得非常仔细，而且很耐心。"

"你的孩子一直跟着你出海吗？"

"为了让他们少绕一些弯子，我一直让他们跟我出海学习，"渔夫又抱怨说，"可是我这么用心，他们却不争气。"

过路人说："在我说出自己的看法前，你先听一个故事吧。"

在一艘轮船卸货返航时，不幸遇到大风暴，船长立刻下命令："打开所有船舱，马上往里面灌水。"

船员们感到很奇怪："往船舱中灌水，这不是险上加险吗？简直是自寻死路！"

船长镇定地对船员说："你们看到过很粗的大树被风刮倒吗？那些被刮倒的树多是根基很浅的小树。"

船员们半信半疑地按照船长的话做了。尽管外面的暴风和巨浪十分猛烈，可是随着船里的水越来越多，货轮竟然渐渐平稳了。

船长对那些松了一口气的船员说："如果是一只空桶是很容易被打翻的，可是假如是一只装满水的桶，则是很难被风吹倒的。在空船的时候，其实是最危险的，而船在负重的时候，其实是最安全的。"

渔夫听完，似乎有所领悟。此时过路人说："人生也是一样的，压力和教训往往就像装满水的桶。而你的孩子没有好的捕鱼技巧，也不能全怪他们，错误可能在你。你这些年都只是传授给了他们捕鱼技术，却没有让他们接受一些实质的教训。人们有时是需要教训的，没有教训和没有经验是相同的，没有经历过教训的人也很难有所成就。"

家长对孩子过度爱护，使其成了温室里的花朵，经不起一丝一毫的风雨，只要孩子觉得有一点儿不如意，就可能大吵大闹地离家出走。这种情况的出现究竟是谁之过？责任当然在父母身上，这是父母用"爱"为孩子设置了将来立足于社会的障碍，扼杀了孩子独立解决问题的能力。

上面故事所说的道理和美国心理学家的研究结论是相同的。美国儿童心理卫生专家认为：有非常幸福童年的人，常有不幸的成年。这是因为，很少经历挫折的孩子长大后会因为不适应激烈的竞争和复杂多变的社会而感到非常痛苦，有些孩子甚至难逃因能力低下而被社会淘汰的命运。

有感于现实的种种事例，一位妈妈从小便开始对孩子进行挫折教育。孩子跌跤了，哪怕摔得鼻青脸肿也让他自己爬起来绝不去搀扶；孩子想要的东西，如果是无理的要求就当面拒绝；孩子要出去玩，妈妈就会提前和他说好让他自己走，不然就马上回去；对于孩子的哭闹乃至赖地打滚，这位妈妈坚决不予理睬……经过这么多的挫折训练，这个孩子已经不会像同龄孩子一样喜欢无理取闹了，而且在处理问题上，他也比同龄孩子成熟得多。

孩子面临的所有挫折为他的成功积累了宝贵的经验，增强了他应对挫折的心理承受能力，教会他找到解决困难的方法，靠自己的能力去战胜困难。这无疑对孩子健康人格的培养非常有益，未来，他也会更坦然地面对挫折和困难。

父母不妨想一下，一个从小到大没经历过最小挫折和些许委屈的孩子，如果在以后的生活中突遇稍大些的困难，他怎么能不惊慌失措？一次大的挫折就可能把他击倒，从此一蹶不振。而经常经历小挫折的孩子，往往能在突如其来的大挫折面前镇定自若。

谁的人生道路都不可能一帆风顺，孩子未来也会遇到许多困难和挑战，面对挫折，既然没有办法躲开它，那么就教育孩子直面它、承受它。父母可以有意识地设置一些困难，让孩子自己面对，多让他们自己处理问题，自己的事情自己做。遇到困难时不是简单地告诉他们该怎么做，而是应启发和引导她"怎样做"。经过不懈的努力将挫折和困难战胜后，他们就有一种成就感。通过对挫折和困难的反思，可以使孩子懂得：遇到困难，害怕和回避是无济于事的。当孩子从挫折的阴影中走出来后，他们的心理素质就得到一次锻炼，生命就会得到一次升华。

金玉良言

　　人生道路不可能一帆风顺，孩子未来总会遇到一些困难和挑战，这些困难和挫折会为他们以后的成功奠定基础，面对挫折，既然孩子没有办法躲开它，那么我们只有教育他去直面、去承受。

四、给孩子最适合的

很多父母不知道怎么培养孩子，其实，孩子的兴趣就是一个很好的培养方向。如果你能够把握孩子的兴趣，尊重、呵护和发展他的兴趣，对于他的人生能够产生积极的影响。

事例一：

在中国青少年研究中心工作的孙云晓，是国内最具影响力的教育专家之一，他也曾经面临女儿的升学择校问题。

临近小学毕业的时候，女儿强烈表示不愿意去重点中学，女儿说那样是活受罪。

不久女儿就提出要报考非重点的月坛中学。月坛中学是一所全北京招生的日语特色学校，可以提前招生和录取。

女儿的决定立即遭到了妻子的极力反对。妻子也是学日语出身，一直与日本人打交道，这让她感觉学日语门路太窄，如果女儿学日语，将来的发展空间可能要受到限制。妻子的主张是女儿非重点不上，而且要学习英语。妻子的担心不是完全没有道理，毕竟学习任何一种小语言都要受到一定的限制。

于是，女儿选择什么类型的中学，在那段时间内成了全家生活的重中之重。

孙云晓提出自己的观点：第一，搜集有关材料，将这些信息告诉女儿，让女儿自己来选择，无论女儿做出什么选择，做家长的都充分尊重她的选择；第二，尽量发挥女儿的优势，先求生存而后求发展。女儿选择学日语，固然发展的空间可能会相对窄一些，但是可以同她母亲一起用日语对话，而月坛中学这方面的对外交流活动很多，相对来说，学日语要容易很多，进步快，机会也很多，女儿的生存能力也就会更强一些。

这件事最终的结果是女儿很轻松地考入了月坛中学，女儿免去了升中学前的大考之苦，也免去了更为沉重的升高中的考试压力。

事实上，女儿的选择解放了她自己。在这所别具特色的日语学校里学习，女儿不会有像在重点中学里那种学习起来特别吃力的感觉。很快女儿就找到了在这里学习的乐趣。在月坛中学的 6 年生活，对女儿来说是轻松而愉快的，她的成绩也一直很优秀。

在孙云晓看来，更重要的是女儿免受了应试教育所带来的折磨，而获得了更为丰富的人生体验，从而一直保持着一种良好的精神状态，而这些对女儿来说是最重要的。

好学校固然是好，但是不一定适合每个学生，而家长能够做的就是尊重孩子的选择，不要给他制造太大的压力。孙云晓始终认为，考试和学历固然很重要，但是比考试和学历更重要的是人格，而能够使女儿获得真正幸福的最终还是健康的人格。

事例二：

傅雷是中国著名翻译家和学者，他不仅学识渊博、精通文学艺术，而且在教育孩子方面也有先进的方法。他的长子傅聪能成为一代音乐宗师，与傅雷给予的家庭教育是分不开的，而傅聪的音乐才能正是父亲发现和培养的。

其实，刚开始的时候，傅雷的原意是想让傅聪学画画，希望他将来成为一名画家，因为傅雷本人对于美术理论有很深入的了解，这样教导起孩子来也比较方便。谁知道傅聪根本不是学画的"料"，他的习作总是乱涂乱画，丝毫没有显露预期的美术天赋。他在学画的时候又常常心不在焉，这让傅雷感到很失望。但是傅雷没有放弃对孩子的培养，而是开始注意孩子其他方面的天赋。

傅聪 3 岁时特别喜欢家里的手摇留声机，每当留声机放音乐的时候，他就会一改平时的好动调皮，靠在留声机旁边安静地听。傅聪这些细微的动作引起了傅雷的注意。于是，傅雷开始让孩子听一些音乐，并且放弃了让傅聪学画的打算，转而让他学音乐。傅聪 7 岁那年，父亲请来了几位音乐界的朋友，商量着让他学钢琴。就这样，傅聪开始跟着他的启蒙老师雷恒教授学钢琴。傅雷常常从旁观察儿子的学习效果。一段时间后，他发现傅聪在音乐方面确实有超人的天赋，而且对音乐的兴趣非常浓厚。至此，傅雷决定全力支持儿子学习音乐，并为他买了一架钢琴。从此，傅聪每天放学做完功课后便钻进琴房，全身心地扑在音乐上。

傅雷对儿子总是循循善诱，并适时地给予鼓励和引导。有一次，傅聪弹得兴起，撇开琴谱，即兴弹出了一些调子。在楼上工作的傅雷察觉有异，便从楼上轻轻地走到琴房。傅聪怕父亲责备，连忙重新弹奏琴谱中的曲子。但傅雷和善地叫儿子再弹一遍刚才即兴创作的曲子，一遍一遍地听，并亲自用五线谱把曲调记录下来，夸儿子创作了一首好曲子，还特意给它起了一个名字，叫作《春天》。有了自己的曲子后，傅聪学琴更起劲了，在父亲的启发和教育下，他的琴艺不断进步。与此同时，傅雷并没有放弃对儿子的基础教育，他还亲自编写课本，教傅聪学中文。事实证明，傅雷的判断和教育方法是正确的，傅聪就好像是为音乐而存在的一样，音乐水平得到了飞速的提高。在傅雷的启发式教育下，傅聪终于成为一颗耀眼的音乐之星。

傅雷根据孩子的兴趣培养孩子的教育方法值得家长借鉴。家长应该主动寻找并挖掘孩子的优势潜能，让孩子从兴趣出发进行学习，走上未来的成功之路。日本著名教育学家木村久一曾经说过："如果孩子的兴趣和热情能够顺利发展，就会成为天才。"每个孩子都有自己的兴趣爱好和天赋潜能，只有引导和发展孩子的兴趣爱好，才能激发他的潜能，让他更加优秀。

金玉良言

孩子的性情，父母最清楚，不适合孩子的，一定要放弃。所以，无论帮孩子做什么决定，一定要考虑到孩子的实际情况。做出选择之后，一定要陪孩子度过适应期，这也是最关键的。

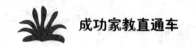
五、鼓励孩子进行每一次新的尝试

假如让父母从小就培养孩子独立自强意识，世界上没有一位父母会拒绝；但如果让父母在孩子小的时候就试着放手，恐怕大部分父母都会觉得不放心，然而事实就是这样，假如父母不放手，孩子就永远也"站"不起来。

事例：

有一次，3岁的花花正在学着自己穿衣服。"来，花花，你穿得太慢了，而且还弄反了，妈妈给你穿。"妈妈抱过花花，三下两下帮她套上了衣服。面对妈妈熟练的技巧，花花感到自己很笨拙。她灰心了，乖乖地站在那里让妈妈给她把扣子扣好。

3岁时，花花看到妈妈给花草浇水，她走过去，高兴地拿起水壶，想要帮助妈妈。"花花，别动。"妈妈喊道，"小心把水洒到身上，弄脏衣服，你还小呢，让妈妈干吧。"

花花要帮妈妈收拾桌子，妈妈吓坏了，赶紧夺过碗碟："小祖宗，你会把碟子摔碎的，还会划破手。"为了不使碟子破碎，花花再一次丧失了学习的机会。

10岁时，妈妈开始抱怨起花花来："这么大的孩子了，衣服还会穿反；什么都不会做，事事都要靠父母，以后该怎么办啊？"

这位爱子心切的母亲一定不知道自己犯了什么样的错误：因为不放心，她泯灭了孩子自助的意识，错过了培养孩子独立的最好时机。

孩子自己抢着做事经常会颠三倒四或事倍功半，但不能由此就不许孩子动手，成人要尊重孩子坚持自助的愿望。这需要时间与耐心，不可操之过急。毕竟孩子年龄比较小，在训练他们自我服务技能、自理生活的过程中，要注意自己的策略，懂得说服孩子的艺术，让孩子轻轻松松、开开心心地得到锻炼。对于孩子尝试自己解决问题的时候，成人不要替他们干。尽管成人自己做结果会更完美，但孩子完成后肯定会感到自豪与自信，这对孩子的健康成长极有帮助。因此，父母要期望、鼓励并提供时间、机会给孩子自己做事。

生活中一些父母随时准备在孩子一有困难时就提供直接帮助的做法，常常会剥夺孩子有价值的学习与建立自信心的机会。我们要记住，孩子的学习产生于得到结果的过程中。即使结果本身不是特别令人满意，但是只有当孩子有了错误的经验，才能有机会去寻求真知。假如一个孩子一直有机会自己做事，他的自助技能会更为扩展。我们应该在每个活动中鼓励孩子自助。这样，孩子很快会对支持其独立愿望的环境做出反应。这个孩子将会更积极地适应环境、适应社会，自助技能也自然而然扩展了。

你不妨观察一下孩子的独立性如何，是搏击长空的雄鹰还是温室里的花朵？每个父母都希望孩子成长为一株迎风而立的大树，而不是经不起风吹雨打的小草，因此，要在实际生活中让他们经过锤炼，学会独立生存！

第一，父母要更新观念。孩子的人生之路最终还是由他们自己去走，身为父母帮得了一时帮不了一世，只有让他们学会为自己服务才能为他人服务，只有离开父母的怀抱，才能锻炼出苍鹰的矫健翅膀，从而翱翔于天空之中。

第二，从小在孩子心里播下爱劳动的种子。激发孩子自助的兴趣，使孩子养成良好的生活习惯。不要过度关注孩子，而应给予孩子充分的活动自由。要与孩子建立亲密关系，让孩子充分感受到爱。

第三，耐心地培养孩子自己动手的习惯。要鼓励或间接指导孩子做简单的事，让他们体会到依靠自己双手取得成功的喜悦。不要总是一味代劳，凡孩子力所能及的事情尽量让他们自己动手做。

第四，要肯定与鼓励孩子每个小小的进步。哪怕孩子独立完成一件微不足道的小事，父母也要给予鼓励，以培养孩子的兴趣。多给孩子提供一些自我服务的机会。

第五，定下一些规则，全家上下一起遵守。假如孩子依赖、懒惰成性，鼓励或者示范可能都不起作用，这时可以定下一些规则，假如孩子不听劝告，父母可以不理睬他的抗议。确立规则时不要带有责备的语气，也不要重复唠叨，只要以行动来证实就可以了。

金玉良言

现代社会，尤其是城市里，犯罪率直线上升，危险处处存在，很多父母怕自己的孩子有危险，不敢让孩子独立去做什么事情，认为只要自己稍不留神，孩子就有可能被坑蒙拐骗偷。诚然，作为父母，为孩子的安全考虑，天经地义。但是，我们不能矫枉过正，因为怕社会不安全，就剥夺了孩子独立探索、独立活动的权利。

六、孩子不是"机器人"

机器人聪明、能干、可爱，然而却被人类紧紧地控制在自己手里。因此，再聪明的机器人也只是被动、听话、没有主见地去从事人类为它安排的一切。

不幸的是，许多家长在教育孩子时，也把孩子当做机器人来培养，让他们听话、服从，乖乖地按自己的想法去做。这种教育方式培养的孩子必定失去个性，没有自己的见解，没有创造力，最后沦为老实无能的平庸之辈。

李政道博士在谈到中国青年和美国青年在主观创造力方面的差别时认为，这种差别实际上在幼儿时期已经表现出来。在幼儿园，三个美国小孩子待在一起就乱了，玩具在他们手中，一会儿他们就说没意思；而在中国，几十个孩子可以规规矩矩地坐在一起。这是两个国家对幼儿采取不同教育的结果。

培养孩子，就要培养他们的个性、创造力，按照他们的兴趣、爱好和愿望去发展自己的潜力。父母的作用是引导和指路，而不是全面包办，或按家长自己的意图去强求他们。

1. 家长必须首先要解放孩子，尊重孩子的天性

中国传统的教育方法，习惯让孩子规矩、听话，那些顺从、安静的孩子常受到表扬，而淘气、鬼点子多的孩子则常遭到指责。在组织幼儿活动的时候，强调组织性、纪律性、一致性。在上课的时候，老师在上面讲，孩子坐在下面听，不许乱插嘴，不许随便活动。这种教育方法值得我们反思。

早在半个世纪以前，著名教育家陈鹤琴就总结了孩子的心理特点：孩子是好动的、好模仿的、好奇的、好游戏的、喜成功的、喜合群的、喜野外生活的、喜

称赞的。

教育要适应孩子的心理特点，就必须解放孩子，充分发挥他们的天性。解放孩子的大脑，使他们能自由想象；解放孩子的双手，使他们想干、要干、能干；解放孩子的眼睛，使他们能看到想看的东西；解放孩子的空间，使他们接触社会和大自然；解放孩子的时间，不能把他们的功课表填得太满。

多少年过去了，中国的教育离自主教育标准还相差很远。例如，当孩子主动跑来帮助妈妈扫地时，大多数的妈妈则会夺下孩子手中的扫帚，然后说："你还小，扫不干净的。"甚至训斥孩子做了不该做的事情。这种情形一次次出现，孩子的积极性会一次次受到打击，他们真的认为自己非常弱小，自信一点点被消除掉，天长日久，他们再也不会主动做什么，懒惰随之而来。

2. 家长应该认识到，"听话"的孩子未必是好孩子

中国经历几千年的小农经济时代，其特点是求得生活安安稳稳，不惹是生非，不出头，做一个老实人就可以了。在这种小农经济的条件下，培养孩子，就是培养听话的孩子。

总是用"听话"两个字去教育孩子，势必在孩子幼小的心灵里灌输一种观念：大人的话、父母的话都是对的，老师的话都是对的。这就在相当的程度上限制了孩子独立思维的发展，限制了孩子独立行为的发展，限制了孩子质疑精神的发展，会使孩子形成唯唯诺诺的性格。

试想，一个孩子处处、事事按照父母的话去做，按照老师的话去做，他没有自己提问题的心理空间，没有表达自己看法的余地，这不是机器人是什么？如果一个人的言行是受别人支配的，这样的人会有创新人格吗？能有创新意识吗？能有创新能力吗？培养出的孩子只会看着父母的眼色办事，看着老师的脸色办事，看着领导的意图办事。

"听话"的教育是缺乏民主的教育。封建时代的家庭在人格上是不平等的，孩子要绝对服从父母，这种家庭教育缺乏民主的精神，也是社会生活在家庭教育中的反映。

如今，新时代呼唤着高心理素质的人才，需要造就数以千万计的具有创新

意识与科学精神的高级人才，和数以亿计的具有创新意识与科学精神的普通劳动者。中国家庭传统的"听话"教育已远远不能适应时代的发展，不彻底改变家庭的"听话"教育，就无法适应新世纪对人才的需要、对人才素质的要求，无法适应新世纪对普通劳动者的要求。

当然，反对"听话"教育，并不是一概反对听家长和老师的话、而是要培养孩子的理解能力和独立的思维能力，批判性地接受正确的话，而不能千篇一律地听话，不折不扣地听话。

3. 家长还应该明白，过分干涉孩子，会适得其反

过分干涉式的父母教育方式，就是家长为孩子画框框、定调调，限制孩子的言行，使孩子的言行符合父母的意愿。这极其恶劣地限制了孩子的创新思维。

对小孩子趴在地上玩，有的父母总是说："干吗趴在地上，衣服都弄脏了，快起来看书。"

有的孩子早一点从家走着上学，家长会说："大冷天的，走那么早干什么？再等一会儿走也来得及。"

有的孩子放学回家看电视，家长会说："一回家就看电视，哪有这么大的瘾？把作业做完再说。"

有的孩子与同学交往，家长都要进行限制，只容许孩子同某个同学来往，不允许孩子同家长认为不好的同学来往。

有的家长连孩子的发型都要严加限制，至于孩子的穿戴，更是横竖挑剔。推而广之，孩子每天吃的、玩的、用的等都加以明确规定。

过分干涉式的教育方式，必然给孩子带来负面的影响。由于父母对孩子过度的限制，总是这也不行，那也不行，使孩子无所适从，结果使孩子变得谨小慎微，人云亦云，缺乏独立思考能力。接着限制了孩子思维灵活性的发展、思维批判性的发展，限制了孩子创新意识的发展。在学习中，当孩子遇到困难时，做没有见过的题时，常常束手无策，不知从何下手。

金玉良言

　　父母过分干涉式的教育方式会使孩子适应性差，做事缺乏主见、犹豫不决，遇到困难时不敢面对，对孩子的个性发展和心理健康都会产生不良影响。所以，做父母的，不放心也要放手，只有家长放开手，孩子才能提高真正属于他自己的能力。

第九章
品德比知识更重要

成功之花，人们往往惊羡它现时的明艳，然而当初，它的芽儿却浸透了奋斗的泪泉，洒满了牺牲的血雨。

——冰心

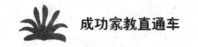

一、有礼走遍天下

洛克说过，"礼貌是一种语言。它的规则与实行，主要从观察，从那些有教养的人们举止上去学习。"的确，任何一个文明社会，任何一个文明民族，人们总是十分关注文明礼貌。"有礼走遍天下，无礼寸步难行"，没有礼貌的人是举步维艰的。

孩子从 4 岁开始已经具有相当的智力和体力，语言变得清晰，动作更加灵敏，对待人接物表现出强烈的兴趣。做父母的应该抓住这个关键期，因势利导，充分利用接待来客和到别人家做客这些生活细节，培养孩子礼貌待人的品德。

如果家中要来客人，父母应该事先做好准备，把房屋收拾干净，并且教会孩子以主人的身份招待客人。比如，可以教孩子如何迎接客人进屋，帮助客人放衣物，请客人在合适的位置落座；问客人喜欢喝什么并主动送上，双手呈接物品；主动、大方地与客人交谈，交谈时注意谈吐文雅；客人要走时应礼貌挽留，亲热地说"您再坐一会儿"、"再喝杯茶吧"等；送客人出门后要站在门口寒暄几句，说"再见"、"欢迎您再来"等。

事例：

朋友托马斯要来拜访，科斯特纳先生叫出自己的儿子格里斯沃德，教他如何招待客人。托马斯刚进门，格里斯沃德就热情地对他说："欢迎您，托马斯叔叔！"然后领着托马斯入座，并给他端来了茶水。在父亲与托马斯谈话时，格里斯沃德安静地坐在一旁，既不大声嚷嚷，也不有意打断大人的谈话。吃饭时格里斯沃德礼貌地邀请托马斯入席，席间还为客人添食物。托马斯要离开时，格里斯沃德诚恳地说："您给我们全家人带来了快乐，欢迎您下次再来。"托马斯摸着格里斯沃德的小脑袋，笑着对科斯特纳先生说："这个孩子真有礼貌，光看孩子就知道父母一定是有教养、讲文明的人。"

格里斯沃德的行为是父母教育的结果，是父母的言传身教让他明白了应该如何接待客人，如何在客人面前做一个懂礼貌的好孩子。

待人接客或者到别人家做客是日常生活中人们经常遇到的事情，在这些平常的小事中最能体现出一个人的品质、习惯、教养，因此父母应该在这方面下工夫，培养孩子的文明礼貌品德。就像格里斯沃德的父母一样，培养出一个懂得待人接物的孩子不仅能够得到客人的赞赏，还能体现出父母的教养。

具体来说，父母应该从以下几个方面教会孩子注意待客礼节。

第一，为孩子讲解待客的"规矩"。父母要给孩子讲解待客的"规矩"，使孩子懂得一定的行为规范。比如亲友来访时，听到敲门声要说"请进"；见了亲友按称谓主动亲切问好；拿出茶点，热情地请客人品尝，不应显出不高兴的样子或独自去吃；当大人谈话时，小孩不应随便插话，更不应粗鲁地打断客人的话；如果有小客人来访时，应主动拿出玩具与小客人玩；共同进餐的人未完全入席前，不得自己先吃；客人离开时要说"再见"，并欢迎客人再来。

第二，鼓励孩子直接参与接待。家里来客孩子一般很兴奋，此时做父母的不能冷落孩子，要让孩子感到自己是家庭中的一员，是小主人，有资格和父母一起招待客人。父母可以让孩子参与一些力所能及的待客活动，让孩子的好奇心和学习欲得到满足。通过直接参与，能够使孩子待客的行为和技巧得到练习，并逐步养成良好的习惯。

第三，父母要为孩子树立榜样。有句话说得好，"己正而后能正人"，父母的身教是对孩子最生动、最实际的教育。作为父母如果想让孩子礼貌待人，首先要规范自己的行为，起到表率作用。父母的行为会在潜移默化中影响孩子，让他们在耳濡目染的环境中逐步形成礼貌待人的品德。父母应充分利用家里来客的有利时机，提醒孩子注意礼貌，给孩子示范，使孩子在亲身体验和实践中理解文明、礼貌、热情的含义。

第四，对孩子的表现做出评价。别人的反应通常是刺激孩子学习的最佳催化剂，客人在时父母对孩子良好的表现可做出表扬、鼓励的表示，客人走后父母更应该对孩子的表现做出评价，肯定做得好的地方，指出不足以及今后要注意的地方。这里需要指出的是，孩子在接待客人中出现了失误，如打碎了茶杯、弄脏了饭桌，父母千万不要当着客人的面批评孩子，要保护孩子的积极性，对待孩子的错误要重动机、轻后果，原谅他们由于缺乏经验而出现的过失。

值得注意的是，孩子礼貌待客和文明做客的行为规范不是一朝一夕就能够形成的，要靠父母平时不断地教育、训练和强化。父母要经常为孩子提供"教育情境"，让孩子不断练习、巩固热情待客、礼貌做客的习惯，这对孩子思想品德、学识能力、行为习惯的培养都有积极的推动作用。

金玉良言

教育孩子文明礼貌是为人处事的起点。孩子的文明礼貌必须从小培养，否则就会形成坏习惯，一旦形成坏习惯，再改就很难了。所以，家长要从思想上认识到这个问题的严重性，并在生活中给孩子以正确的引导，一定能够培养出讲文明、懂礼貌的孩子。

二、爱心惠泽人生

对于一个孩子的个性发展而言，没有什么能比爱和善良更重要的了。前苏联教育家苏霍姆林斯基说过："善良的情感是良好行为的肥沃土壤。"他还说："良好的情感是在童年时期形成的，如果童年蹉跎，那么，失去的将永远无法弥补。"他的话告诉人们：仁爱是人类最光辉灿烂的人性，最崇高伟大的品德。教子做人，首先要赋予他一颗仁爱之心。

事例一：

刘女士的女儿小欧今年 11 岁了，由于是独生女，一家人都对她宠爱有加。最近，刘女士发现小欧表现出了一种不良的苗头：每次让她把好吃的东西拿给爷爷奶奶吃，或请她帮爷爷奶奶拿东西时，她总是蛮横地扭过头去不理会，还念念有词："自己的事情自己做。"在一次回家的路上，一个邻居的小女儿跌倒了，刘女士鼓励小欧上前把小妹妹扶起来，没想到小欧置之不理，还说："真笨，连路都不会走！"

去年"六一"儿童节，小欧的学校发出了《献爱心，帮助贫困孩子读书》的倡议，刘女士和丈夫得知后，商量着也去资助一个和女儿同龄的男孩，帮助他完成学业。当他们兴高采烈地把这个想法说给女儿听时，她却极大地不满意，说："妈妈，你有那么多钱为什么不给我买衣服穿，买东西吃，难道你不爱我了吗？"

刘女士心里一惊："怎么会啊！我最喜欢我的小欧了。"她又说："那我做错了什么吗？"刘女士心里嘀咕："女儿竟然嫉妒我们帮助别的孩子。"

之后，刘女士和女儿说了半天，她都没有任何改变，而且情绪很不好。当时刘女士感到很懊恼，也感到很失败，心里特别难过。因为刘女士不知道该怎样去帮助女儿，改变她的想法，使她变成一个有爱心的孩子。

孩子缺少爱心，既有性格因素，又受环境、后天教育的影响。孩子缺少爱心大致有这样几种情况：一是长辈过分宠爱，孩子只会享受爱，不懂得关心别人；二是有的父母自己本身就缺少爱心，不关心孩子，在这种家庭里成长的孩子自然会缺少爱心；三是有的父母不懂教育方法，不是宠爱过度，就是粗暴对待，致使孩子形成了性格上的缺陷；四是独生子女生活圈子封闭，没有朋友，在孤独中长大，造成了情感上的冷漠。

爱心是每一个正直的人所应具有的美好品德，拥有爱心的人让我们感受人间的温暖，拥有爱心的社会让我们感受世界的祥和。

为了不让孩子的爱心枯竭、泯灭，父母不仅要爱孩子，更重要的是让孩子从小就开始懂得关爱他人。比如，在公共汽车上，家长对孩子说："你看，那个阿姨抱着小弟弟多累呀，我们让她坐到这里来吧。"邻居老奶奶生病，家长带着孩子去探望问候，帮老奶奶做事。经常让孩子看到大人是怎么同情、关心、帮助别人的，对培养孩子善良的品质是最好不过的。

事例二：

陈女士的女儿今年 9 岁，上小学四年级，是独生女，少言寡语，不喜欢和小朋友玩耍，性格也有些孤僻。老师家访时向陈女士反映孩子的一些情况，说她学习认真，但是不爱交往，缺乏爱心，从不参加集体活动，也没有什么朋友。

陈女士意识到了问题的严重性，于是带着女儿咨询了心理医生。医生认为孩子的孤僻、冷漠、缺乏爱心是因为生活圈子太封闭了。孤独的心灵是脆弱的，是经受不住任何打击的。医生说要想让孩子走出自闭的阴影，就要帮助她寻找自己人生的价值，树立自信心。这就需要父母多与孩子沟通，让孩子走入生活，在生活中学习关心他人。

于是，陈女士鼓励孩子养小动物，给孩子买了一只她喜欢的小动物，然后让她负责小动物的生活，小动物病了，陈女士让孩子亲自带它去宠物医院，虽然比较辛苦，但眼看着小动物一天天长大，她就感到由衷的快乐。随着时间的流逝，陈女士的女儿不但变得活泼开朗，而且也懂得关心他人，朋友也多了起来。

家长要想培养女儿有爱心，不妨从以下几方面入手：

1. 给孩子做个榜样

俗话说："父慈子孝。"如果做父母的不懂得关心他人，不懂得尊老爱幼，在孩子小的时候，只知道让他吃好的、穿好的，没有给他们更多爱心的培养，那么，孩子长大后，他们的爱心又会从哪里来呢？

榜样的力量是无穷的，也是最有效的。家长的举手投足都会给孩子留下深刻的印象。要让孩子有爱心，家长就要做出有爱心的行动，有什么会比言传身教更具说服力呢？

一对中年夫妇对年迈的父母很不孝顺，他们把老人撵到一间破旧的小屋里居住，每顿饭用小木碗随便送些东西给老人吃。

一天，他们看到自己的儿子在雕刻一块木头，就问孩子刻的是什么，孩子认真地说："刻木碗，等你们年纪大时好用。"这对中年夫妇听了幡然醒悟，立即把自己的父母请回正屋同自己一起居住，扔掉了那只小木碗，拿出家里最好吃的东西给老人吃。小孩因此也转变了对他们的态度，从此一家三代和睦地生活。

由此可见，有什么样的父母就会有什么样的孩子，父母的榜样作用对孩子的影响确实很大。孩子的性格往往都是在他的第一任教师——父母的影响下形成的，父母给孩子以什么样的教育，孩子就会结出什么样的果实。

平时在家里，家长能做到给长辈倒茶、盛饭、搬凳子，逢年过节给长辈买东西、送礼物，还请孩子参谋该送什么礼物；家长做到关心孩子，对孩子说话总是温和、体贴，还常常与孩子进行情感的交流，给孩子适当的鼓励和表扬，让孩子直接感受到父母对自己的爱；家长做到夫妻间互相关心、互相帮助，在给孩子买礼物的同时，总不忘给爱人也买一份，吃东西的时候，不忘提醒孩子给家长留一份……如果家长平时能做到这些，相信孩子也会受到感染，从而学会去关爱他人。

2. 进行移情训练

爱心培养还需要进行移情训练，可以让孩子把自己痛苦时的感受与别人在同样情境下的体验加以对比，体会别人的心情，这样可以让孩子学会理解别人、体谅别人。

例如，看到小弟弟摔倒了，家长可以启发孩子："想想你摔倒时是不是很疼？小弟弟一定很难受，快去扶起他，帮他擦擦脸。"某地发生灾情，家长可引导孩子："那里的小朋友没有饭吃，很饿；没有衣服穿，很冷。你想想，如果你也在那里会怎么样？我们去捐点儿衣服和食品给灾区的人吧！"

3. 在生活中培养孩子的同情心

同情他人，是爱心的一种具体体现。孩子如果缺乏同情心，就只会关心自己，只顾自己的快乐，而无视别人的痛苦，甚至把自己的欢乐建立在别人的痛苦之上，这种孩子是可怕的；而有同情心的孩子往往会关爱他人。因此，父母要在生活中培养孩子的同情心。

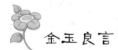 金玉良言

只有爱，才能体会到生活的乐趣；只有爱，才能明白到人生的真谛；只有爱，才能感受到人类的伟大。对于孩子，我们不但要为他们创造一个被爱的环境，更要让他们学会如何去爱别人。只有在"爱"和"被爱"的双重环境下，孩子的个性品质才能得到全面发展，我们的下一代才能拥有一个光明的未来。

三、勤俭节约——让孩子受用一生

纵观古今，凡是通过艰苦奋斗取得突出成就的人，都拥有节俭这种崇高美德。很难想象，一个穷奢极欲、挥金如土的人会有崇高的理想和艰苦创业的精神。

节俭作为一种生活方式，体现了一个人的生活态度、理想信念、价值观念和作风形象。节俭不是吝啬，而是美德，有助于一个人修身养性、陶冶情操，也是一个人事业有成和发展的重要因素。

在现代社会，经济增长和物质消费的观念已经发生很大的变化，但勤俭节约作为一种美德，还是要大力提倡的。

事例：

比尔·盖茨是微软的创始人，2007 年 3 月的《福布斯》杂志再次将比尔·盖茨评为全球最富有的人，这是他连续 13 年获得此排名。目前，他的身价 560 亿美元。据说他每秒赚 250 美元，每天赚 2000 万美元，一年赚 78 亿美元。如果他掉了一张 1000 美元的钞票，他没有必要弯腰捡起来，因为 4 秒钟之后他就能把掉的钱赚回来。美国国债约为 5620 亿美元，如果让比尔·盖茨来还，他 10 年之内就能搞定。就是这么一个会赚钱的有钱人，他更加懂得勤俭节约的道理。"我有钱，但不意味着可以乱花"是他的心态；"只买对的，不买贵的"是他的原则。

有一次，比尔·盖茨和一位朋友同车前往希尔顿饭店开会，由于去迟了，以至于找不到车位。他的朋友建议把车停在饭店的贵宾车位，"噢，这可要花 12 美元，可不是个好价钱。"比尔·盖茨不同意。"我来付。"他的朋友说。"那可不是好主意",比尔·盖茨坚持道:"他们超值收费。"由于比尔·盖茨的固执,汽车最终没停放在贵宾车位上。

在物质极其丰富的今天,即使是大富豪比尔·盖茨,也仍然懂得节俭的重要性。他戒奢以俭,不靡费财物,是值得我们崇尚的美德。

孩子手中的钱来源于父母,从根本上来看,孩子的浪费是父母约束不力造成的。因此,家长要从小培养孩子勤俭节约的良好品质。让孩子从小懂得钱来之不易,应把钱用在刀刃上,而不应花在贪图享受上。过度的挥霍,只会培养浪荡分子和败家子,再大的家产也会坐吃山空,金山铜山也有吃光的一天。

建议家长可以在节假日帮孩子创造参加劳动服务的机会,比如让孩子帮忙做家务,可以付给孩子一定的酬劳,目的在于让孩子明白金钱来之不易,它是经过艰辛的汗水换来的,从而培养孩子养成自力更生的好习惯。如果条件允许的话,父母还可以鼓励孩子利用假期或休息日参加公益劳动或勤工俭学。

金玉良言

愛子之心,人皆有之。我们爱孩子是应该的,但应当注意的是,我们应引导孩子去关爱别人,在"爱"和"被爱"的环境下,孩子才能形成健全的人格。

四、不要轻言放弃

其实每个人的一生中，无论工作或生活，都会或多或少地出现这样那样的极限环境，或者说极限困境。有的时候就需要那么一点点毅力，一点点努力的坚持，成功就触手可及，而不是充满遗憾地擦肩而过。

事例一：

1905 年，洛伦丝·查德威克成功地横渡英吉利海峡，因此而闻名于世。2 年后，她从卡德琳那岛出发游向加利福尼亚海滩，想再创一项前无古人的纪录。

那天，海上浓雾弥漫，海水冰冷刺骨。在游了漫长的 16 小时之后，她的嘴唇已冻得发紫，全身筋疲力尽，而且一阵阵战栗。她抬头眺望远方，只见眼前雾霭茫茫，仿佛陆地离她十分遥远。现在还看不到海岸，看来这次无法游完全程了。她这样想着，身体立刻就瘫软下来，甚至连再划一下水的力气也没有了。

"把我拖上去吧！"她对陪伴她的小艇上的人挣扎着说。

"咬咬牙，再坚持一下，只剩下 1 英里远了。"艇上的人鼓励她。

"你骗我。如果只剩 1 英里，我早就应该看到海岸了。把我拖上去，快，把我拖上去。"

于是，浑身瑟瑟发抖的查德威克被拖了上去。小艇开足马力向前驰去，就在她裹紧毛毯喝一杯热汤的工夫，褐色的海岸线就从浓雾中显现出来，她甚至都能隐约看到海滩上，欢呼等待她的人群。到此时她才知道，艇上的人并没有骗她，她距成功确确实实只有 1 英里。

"行一百里者半九十。"最后的那段路，往往是一道最难跨越的门槛。很多有目标、有理想的人，他们工作，他们奋斗，他们用心去想，他们祈祷……但是由于过程太艰难，他们愈来愈倦怠、泄气，终于半途而废。到后来他们会发现，如果他们能再坚持久一点，如果他们能更向前观望一下，他们就会成功。

成功是靠坚持而来的，所以任何时候都不要放弃。坚持到底从而成功的最佳实例可能就是亚伯拉罕·林肯的经历。

事例二：

生下来就一贫如洗的林肯，终其一生都在面对挫折，8 次竞选落败，2 次经商失败，甚至还精神崩溃过 1 次。

好多次，他本可以放弃，但他并没有如此，也正是因为他没有放弃，才成为美国历史上最伟大的总统之一。

以下是林肯进驻白宫前的简历：

1816 年，家人被赶出了居住的地方，他必须工作以抚养他们。

1818 年，母亲去世。

1831 年，经商失败。

1832 年，竞选州议员——但落选了。

1832 年，工作也丢了——想就读法学院，但进不去。

1833 年，向朋友借钱经商，但年底就破产了，接下来他花了 16 年，才把债还清。

1834 年，再一次竞选州议员——赢了！

1835 年，订婚后即将结婚时，未婚妻却死了，因此他的心也碎了！

1836 年，争取成为州议员的发言人——没有成功。

1840 年，争取成为国会选举人——失败了！

1843 年，参加国会大选——落选了！

1846 年，再次参加国会大选——这次当选了！前往华盛顿特区，表现可圈可点。

1848 年，寻求国会议员连任——失败了！

1849 年，想在自己的州内担任土地局长的工作——被拒绝了！

1854 年，竞选美国参议员——落选了！

1856 年，在共和党的全国代表大会上争取副总统的提名——得票不到100 张。

1858 年，再度竞选美国参议员，再度落败。

1860 年，当选美国总统。

人人都渴望成功，人人都想得到成功的秘诀。然而，人们常常忘记一个道理：即使最简单、最容易的事，如果不能坚持下去，成功的大门也绝不会轻易开启。有时候，成功与失败往往取决于最后一刻的坚持。

学会坚持，努力培养孩子持之以恒的品质，会成为其一生受用不尽的财富，在孩子教育过程中，父母要注重孩子坚持这种非智力因素的培养。

金玉良言

俗话说，世上无难事，只怕有心人。坚韧勇敢是伟大人物的特征。没有坚韧勇敢品质的人，不敢抓住机会，不敢冒险，一遇困难，只会自动退缩，一旦获得小成就，便感到满足。无论遇到任何困难，都不要轻言放弃，如果孩子有了较强的意志力，有了不甘落后的决心，就会有强大的动力，也就能够坚持不懈，一气呵成。

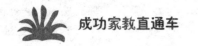
五、教孩子以谦逊为美德

谦虚是一种美德，也是为人处世的一种方式。教育孩子学会谦虚，对孩子成长很关键。有的孩子拥有了某一些方面的特长，就觉得自己水平很厉害，从而就骄傲起来。因此，学会谦虚是非常重要的，否则就可能被自大引入歧途。

事例：

侯雪是个聪明伶俐、讨人喜爱的女孩。她的爸爸是一家大公司的经理，妈妈在一家医院里当医生。侯雪从小就生活在这样一个条件优越的环境中。在家里，她要什么有什么，是爸爸妈妈的掌上明珠；在学校里，她成绩优秀，是老师心目中的"尖子生"；在同学中，由于她长得漂亮，大家还给她起了个响亮的名号——"白雪公主"。

良好的家庭环境，父母的疼爱，老师和同学们的赞誉，再加上自己的天赋，使侯雪产生了一种飘飘然的感觉，而且这种感觉一天比一天强烈。"我就是比别人优秀"，侯雪总是这样想。侯雪的爸爸妈妈也经常在别人面前夸奖自己的女儿，为有这样一个聪明美丽的女儿而自豪。所有这些都助长了侯雪的自满和自傲。

渐渐地，侯雪变了。在家里，她只要稍稍不顺心就对爸爸妈妈发脾气；在学校里，侯雪更爱表现和炫耀自己，取得好成绩就自鸣得意、沾沾自喜，甚至不把老师的话放在心上；在生活中，她总是拿自己的长处同别人的短处相比，认为自己高人一等，看不起别人。

侯雪是骄傲自大的孩子的一个典型代表。在现代家庭中，由于受到特殊的家庭环境的影响，独生子女容易产生骄傲自大的情绪。

有的孩子考试成绩好，就瞧不起成绩差的同学，甚至觉得自己什么都比人家厉害。事实上，尺有所短，寸有所长，学习成绩差的同学一样有优点。因此，不是学习成绩好，读书厉害一点，就真的高人一等。在这方面，家长要教育孩子学会谦虚，要认识到自己的短处。一个人只有保持谦虚的心态，才能够向别人学习。

实际上，谦虚并不是贬低自己，而是去掉自满的情绪，多一点听取别人的意见。比如，学习成绩好的同学，谦虚并非要求他说自己的成绩不好，而是让他能够认识到读书成绩好只是一个方面，并不代表自己什么都厉害。其他方面，或许他比不上学习成绩差的同学。

导致孩子骄傲自大、目中无人的原因有很多：

第一，成人对孩子的影响。有些父母由于自身条件比较优越，总是表现出一副扬扬得意、目中无人的神态，经常会流露出对他人的不屑。如他们经常议论同事的缺点，认为某某不如自己。孩子听到这些话，也会仿效父母，只看到自己的长处，而嘲笑别人的短处。

第二，家庭生活条件优越。优越的家庭条件容易使孩子滋生虚荣自傲的心理，形成爱炫耀自己、嘲笑别人的毛病。如孩子经常穿漂亮的新衣服，就会看不起那些总是穿旧衣服的孩子。

第三，过多的夸奖。孩子经常得到大人的夸奖，就会认为别人不如自己，导致看不起别人。如果爸爸妈妈经常在朋友面前炫耀自己的孩子，孩子就会认为别人都不如自己，从而产生自傲心理。

当孩子出现骄傲自大的心理时，父母应该如何应对？

1. 以身作则，父母要为孩子树立榜样

榜样的力量是无穷的。父母是孩子的第一任教师，是孩子效仿最直接的榜样，

父母对孩子的示范作用是巨大的。父母应该成为孩子高尚人格的榜样，要谦虚友善，不要在孩子面前表现出骄傲情绪，以免孩子受到不良影响。

2. 耐心教导，让孩子正确评价自己

孩子出现骄傲自大的坏习惯往往是由于过高地估计了自己，认为自己比谁都强，只看到自己的长处，而看不到自己的短处，拿自己的长处比他人的短处。因此，他就狂妄自大，以"自我为中心"，想干什么就干什么，不会设身处地替别人着想。父母应耐心地教导孩子，让孩子学会正确地评价自己，既认识到自己的优点，又看到自己的不足。

家长还需要规范孩子的行为，督促他改正骄傲自大的坏毛病，告诉孩子在交友中应该怎样做和不应该怎样做，并加以训练和指导，使其养成良好的行为习惯。这样，他才会受到大家的欢迎。

3. 表扬时感情流露要"浓淡"适度

家长应尽量少在外人面前夸奖孩子，因为小孩子的自我评价能力还很差，看到那么多人肯定自己，会产生错误的认识，认为自己真的很优秀，从而产生骄傲的情绪。

4. 奖励以精神鼓励为主，物质奖励为辅

其实，一般情况下，孩子只要能得到口头表扬，心理上就会得到满足。过多的物质奖励，更容易使孩子沾沾自喜、高傲自大、忘乎所以，甚至不思进取。要防止他们被夸奖声和赞许的目光所包围，或获得过多的物质奖励而产生畸形的满足感，从而懒于进取和努力，削弱进取意识。

家长要注意不能给孩子过多的物质奖励，让他们明白好条件是父母创造的，他其实和其他孩子一样，没有什么高人一等的特别之处。家长要观察孩子的心态和行为表现，发现苗头及时教育，消除其骄傲自大的不良心态。

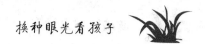

金玉良言

学习是永无止境的，骄傲自大是孩子成长道路上的绊脚石。父母想要培养孩子谦逊的美德，必须首先给孩子做出好表率，并耐心教导，帮助孩子正确认识自我，防止孩子掉进骄傲的陷阱中。

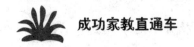

六、勇于承担，才能成长

有责任心的人，首先要有一定的道德水准，否则他也不可能对事情负责。责任心也是做事的标准之一，没有责任心就不可能认真去做事。

责任心是孩子做人、成人的基础，要想让孩子在今后的日子里，很好地立足于复杂的社会，担当起重任，那么，就必须从小培养孩子富有责任心的习惯。一个人承担的责任越多越大，证明他的价值就越大。责任心是衡量一个人成熟与否的重要标准。一个缺乏责任心的人，在遇到没有人能为他负责的时候，就去哀叹自己的不幸，抱怨生活的不公。

所以，要培养孩子的责任感，必须让他养成对自己的行为负责的习惯。父母要教育孩子从小对自己的行为负责，不要替孩子承担一切，否则会淡化孩子的责任感，不利于孩子的成长。

事例一：

1920年，有一位11岁的美国男孩在踢足球时，不小心踢碎了邻居家的玻璃，人家要求索赔12.50美元。闯了大祸的男孩向父亲认错后，父亲让他对自己的过失负责。他为难地说："我没钱赔人家。"父亲说："我先借给你，一年后还我。"此后，这位男孩每逢周末、假日便外出辛勤打工，经过半年的努力，他终于挣足了12.50美元还给了父亲。这个男孩就是之后成为美国总统的里根。他在回忆这件事时说："通过自己的劳动来承担过失，使我懂得了什么叫责任。"

事实上，未来生活所必需的观念、态度与技能在家庭生活中处处可以学习到，而且是很重要的学习。在家庭生活方面给孩子必要的指导，有意识地培养孩子的家庭责任感，是父母的责任。只有在家庭环境中培育出富有责任心的幼苗，才能在更复杂的社会环境中经受考验，得到修正和磨炼，最终会成为一个自强、自立的人。

很多时候是父母剥夺了孩子为自己承担责任的机会，这将导致孩子长大以后也没有责任心。父母包办得越多，孩子的能力越差，就越没有责任心。孩子往往是全家关注的"焦点"，却缺少对家庭其他人应有的关心、照顾，只会抱怨父母不理解自己，意识不到自己对父母、对家庭应尽的义务。

事例二：

李约瑟·尼达姆是著名生物化学家。他于1900年12月9日，出生在英国的一个知识分子家庭。他的父亲老约瑟，是伦敦一位小有名气的医生，擅长麻醉。他尤其重视对儿子李约瑟的教育。他从不纵容娇惯儿子，而是让他在各种活动中经受锻炼，培养责任心。为了培养他做事认真负责的科学态度，做医生的父亲经常让李约瑟帮忙配药。

在小李约瑟10岁的时候，有一天晚上，父亲很严肃地对小李约瑟说："明天我要给病人做阑尾切除手术，你能上手术台去帮我的忙吗？"

小李约瑟热心地说："那我怎么帮你呢，爸爸？"

"很简单，你就做我的助手，给我传递手术刀、钳子、缝合线等一些手术器械。"

"用刀？那病人会疼吗？会流很多血吗？"小李约瑟有点害怕地问。

"做手术之前，先给病人注射麻醉剂，病人不会感到疼，不过会流一些血。"

"那么，流血很可怕吗？"

父亲微笑地看着小李约瑟说："孩子，无论做什么事情，你都要勇敢地去面对啊！你明天敢上手术台帮忙吗？"

小李约瑟想了想对父亲说："没问题，父亲。"

第二天，他勇敢地登上手术台，协助父亲成功地完成了手术。第一次看到了手术台上的血，李约瑟很害怕，他颤抖着双手，几乎要晕过去。他向父亲投去了求助的目光，想要离开这个恐怖的地方。

"你一定要坚持住，"父亲看透了他的心思，"即使你有一百个理由离开，也不行。记住，病人在你的手术台上，你就得为他们的生命负责。"说完父亲又开始专心致志地实施手术了。

在父亲严厉的目光下，李约瑟坚持和父亲做完了这次手术。

这件事对李约瑟的影响非常大，它让一个孩子懂得了什么是责任。1918年10月，李约瑟以优异的成绩考入剑桥大学，学习医科，以便继承父业做医生。即便后来他成了著名的生物化学家，这件事情依然在李约瑟的心中难以磨灭。

责任心是一个人重要的心理品质之一，它关系到儿童社会性人格的发展，以及未来事业的成功。随着社会对人才素质要求的不断提高，责任心也越来越受到人们的关注，成为人才选择的一项重要指标。因此，重视和加强青少年责任心的培养，对于其将来的事业成功、生活幸福具有重要价值。

 金玉良言

　　培养孩子的责任心，是每一个家长的责任，也是义务。我们应该抓住生活中的点滴小事，来培养孩子的责任感。无论事情的结果是好是坏，只要是孩子独立行为的结果，就应该引导并鼓励孩子勇于承担责任。

第十章
用孩子的眼光看世界

我认为今天有些父母所犯的最大的错误是，忽视了对孩子的关心与照顾，以及有效地鼓励孩子们的责任感和认识到自我价值。一般而言，缺乏父母支持的孩子，往往自我价值感较低，妨碍了他们建立良好的品行和达到较高的成就。这不但影响孩子个人和家庭，而且对国家也不利。

——里根

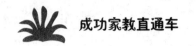

一、别摆父母的架子

随着孩子的不断成长，许多年轻父母困惑的问题也与日增多，觉得和孩子越来越无法沟通。"不喜欢这件衣服，太难看！""别人都去那个地方玩了，我也要去！""我明明没有错，为什么要批评我？"一件件的小事看起来微不足道，却让父母忙得焦头烂额、筋疲力尽。然而，有时候，父母不妨"蹲下来"用孩子的眼光去看一下周围的世界。别的小朋友玩过的地方，孩子心中难免也会羡慕、向往，这并不是什么无理的要求；而孩子做错事情的时候，你有没有认真耐心地坐下来听孩子解释一下原因呢？

孩子的世界和成人的世界是截然不同的。如果父母不能"蹲下来"看孩子的世界，而只是一味地以成人的眼光看问题，那对孩子的成长其实是很不利的。也许在许多父母看来，"蹲下来看看孩子的世界"是一种极为抽象的观念，一时间会觉得难以理解和接受。其实我们所说的"蹲下来"，只是呼吁父母们倾听一下孩子的心声，做孩子的好朋友，以孩子的眼光看待孩子和他所理解的世界。"蹲下来"，才能走进孩子的世界。知道站在他的高度，都能看见什么，才能和孩子有效的沟通和交流。

父母在教育孩子的过程中，难免会把自己的想法强加给孩子。但是往往孩子心中想的和父母的想法却刚好相反。孩子的经历与父母各有不同，对某种事物的感觉也就不一样，父母喜欢的孩子不一定喜欢。站在孩子的角度才知道孩子需要什么，怎样才是真正的对孩子好。父母要尊重孩子，给孩子自由的想象空间，切实关注孩子内心世界的真实感受，鼓励孩子在想象的空间里尽情翱翔。站在孩子的角度为孩子考虑问题，是亲子沟通最有效的方法，也更加适合孩子的成长和发展！

"蹲下身"看孩子的世界。

事例一：

妈妈带着小强去逛商场，妈妈兴致勃勃地看着琳琅满目的商品。路过一个玩具专柜的时候，没在意小强对一辆玩具车依依不舍的目光。在妈妈准备带小强去别的地方的时候，小强鼓足了勇气请求妈妈蹲下来看一下。妈妈虽然很诧异，但还是答应了，她蹲下来的时候，惊奇地发现呈现在自己面前的是一片精彩的玩具世界。妈妈一下子就明白了小强的意思，看到小强渴望的眼神，妈妈细声地询问他："小强有没有喜欢的呢？"小强高兴地重重点着头，指着自己喜欢的玩具车让妈妈看，并充满期待地望着妈妈。虽然这个玩具车的价格不菲，但是妈妈还是买了下来送给小强，满足了他的心愿。

蹲下身来，你会很快走进孩子的世界，看懂孩子内心的渴望和需求。孩子会因为父母的理解而感受到爱和尊重，以后自然乐意把自己的心事讲给父母听。

事例二：

凯利蹲在院子里正聚精会神地看着菜园边的一群蚂蚁，恰巧妈妈看到了，就随口问道："凯利，你在干什么呢？"凯利仰起小脸，得意洋洋地大声回答："我在听蚂蚁唱歌，可好听了！"妈妈笑了笑问道："傻孩子，蚂蚁怎么会唱歌呢？"凯利看上去不太高兴地说："你又没有蹲下来仔细听，怎么知道蚂蚁不会唱歌呢？"妈妈摇摇头离开了，凯利心中顿时觉得无比失落。

正当妈妈做饭的时候，凯利又慌慌张张地跑到妈妈身边，紧张地说："妈妈，妈妈，不好了，我的娃娃生病了，怎么办才好呢？"妈妈生气地对凯利说："布娃娃又不是人，它是不会生病的。不要打扰妈妈做饭好吗？"凯利严肃地回答道："它是我的宝贝，当然会生病！我们要马上送它上医院，不然它会死的。"妈妈不耐烦地说："哦，凯利，不可以胡说八道的，我现在很忙，你自己去玩好吗？"凯利只好委屈地走开了。

在孩子的世界里，任何东西都是有生命的，即便是一个普通的布娃娃也一样。孩子玩玩具的过程，也是对这个世界不断认知的过程。很多父母都以大人的眼光来评价孩子的感受，对孩子的童真非常不解。作为父母来说，不能主动"蹲下身"观察孩子的世界，又怎么能够读懂孩子的心声呢？孩子和成人的眼光是完全不同的，许多时候父母要变换一下看问题的角度，尝试用孩子的眼光去观察世界，理解孩子。不要让孩子的童趣被无情的话语扼杀掉，也许你的不经意会将孩子想象的翅膀折断。

要求父母"蹲下身"看孩子的世界，并不仅仅是一个姿态的问题，而是要让我们的思想也"蹲下来"和孩子平等地交流。只有用孩子的眼光去看问题，给孩子真正的鼓励和帮助，才能让孩子自由的展现自我。"蹲下来"不仅可以换取孩子的快乐和满足，还能赢得孩子的尊敬和爱戴，何乐而不为呢？在忙碌的工作之余，父母大可以让自己的心经常感受孩子的天真、快乐，让自己能缓解一下压力，这对父母来说，也是一件很好的事情。

父母觉得自己所做的都是为了孩子好，总想把一切最美好的事物都留给孩子。但是作为家长的你是否发现一个问题，孩子总是喜欢和孩子玩。其实在孩子眼里，大人和他们的思维模式不一样，自然不属于"一国"。对于父母的教导和叮嘱，总是感到厌烦。其实换位思考一下，就会明白这并不难理解。站在孩子的角度，幻想自己也是个孩子，自己会不会也是这样的呢？那么现在的你愿意"蹲下来"看一看孩子的世界吗？

金玉良言

父母想要让孩子接受自己的意见，使教育达到一定的效果，必须学会与孩子对话，必须注意对待孩子的态度，不摆父母的架子。

二、正确对待孩子的天性

孩子天生就有好奇心，他们渴望了解这个世界，有着强烈的探究和学习欲望，好奇心驱使他们一次又一次地尝试，不怕困难，不怕失败，直到掌握为止。就拿孩子学走路来说，他们从不会因为害怕摔倒而放弃，这种心态很值得我们成年人学习。孩子总喜欢自己动手去完成一件事情，而就是在这个完成的过程中他们会找到答案，并把新的信息储藏在大脑中。这些信息储存得越多，他将来的智力水平就会越高，学习新的技能就会越快。父母如果没有好好利用孩子喜欢探索的这个特点，太过限制孩子玩耍的时间，那么孩子就很难从游戏中得到足够的刺激，这样就容易导致孩子以后做事没有足够的耐心，丧失对学习的兴趣。

孩子天生爱玩，但是玩耍的过程同时也是孩子学习的过程。孩子通过玩耍，全身心、体验式地去认识环境、探索环境并学习自我创新。孩子在玩时看似随意，其实他们在不经意间就已经掌握了许多东西。当然孩子的思维是单向的，而正是这些众多的单向思维，才使孩子积累更多的经验，变得越来越聪明。

父母要尊重孩子的天性。

事例：

安安的外公平时最大的爱好就是绘画，每次当他准备要作画的时候，小安安总爱扑在桌子上，与外公面对面地画一些直线、横线和圆圈。只要给他一盒蜡笔，他就能安静地画上几个小时，从这一点就能看出，小安安的心里有多么喜欢画画。

转眼间安安已经快4岁了。一天，妈妈从外边回来刚一推开房门，就看见地板上一些玩具汽车上画满了彩色的"圆圈"，椅子上、床单上、橱柜上也都画得五颜六色，她立刻就发起火来，准备要好好教训一下儿子，可屋内根本没孩子的影子，找了几遍，才在房子角落里发现了他，他正在兴致勃勃地为那架小飞机涂颜色呢。只见他衣裤上、鞋袜上到处涂满了各种颜色的线条和圆圈。妈妈看到这里，喝斥安安把手伸出来，打了几下之后，告诉安安："以后不能再到处乱画了！"幼小的安安手足无措地低下了头，什么话也没有说。"为什么不说话啊！赶快回答我，以后还到处乱画吗？如果你再不说话我就把你的这些东西都扔了！"妈妈看到安安默不作声更加恼火了。

终于，小安安流下了委屈的眼泪，但他始终都没开口说一句话，妈妈最后还是把他的"作品"扔到了窗外，小安安的眼里充满了不舍。那天晚上，妈妈一整晚都没睡好，总觉得自己扔了孩子的画确实有点过分了，她心里想：孩子喜欢画画是好事呀！坏事要阻止，好事要支持！孩子爱好画画的种子刚刚萌芽，需要的是施肥浇水，而不是寒风凄雨，自己这样做岂不是挫伤了孩子的积极性，扼杀了孩子的天性吗？

天终于亮了，妈妈一大早就给安安买回了一盒油画棒和一本连环画，接着又给安安裁了一厚叠纸。接着妈妈把安安叫到跟前，向安安道了歉："儿子，妈妈为昨天的事情向你说声对不起，我不应该那样做，把你的东西都扔掉，看，妈妈给你买的什么，你喜欢画画很好，妈妈支持你。这儿有纸，以后在纸上画！"她还鼓励孩子，既然喜欢画画，就要勤学苦练，将来为大家多画好的作品。安安高兴地接过纸和连环画，在外公的指导下，他比以前更加勤奋了，画画的水平也提高了许多。在安安10岁时，他的作品就已经被送到许多地方参展，其中一些作品还获得了很高的荣誉。

每个人都要经历童年时期，童年的快乐是一切快乐的源泉，童年的不幸是一生不幸的开端。每个孩子都有自己不同的想法，有自己独特的个性，这一点是很珍贵的，父母一定要好好地保护孩子的天性，而不是打击和破坏，这就是尊重教育，也是个性教育。孩子刚开始学习一样东西的时候，家长不要急着去帮助孩子，这样只会使孩子丧失自我，没有了思考的乐趣、实践的快乐，久而久之，孩子智慧的发展就会停滞不前，进取心也会随之消失。

我们看到有些家长在给孩子报兴趣班的时候，完全是按照自己的意愿去强迫孩子干自己喜欢的事，圆自己孩童时代未完成的梦想，如让不爱弹琴的孩子学钢琴，听不懂奥数的孩子学奥数……这些做法对孩子的成长都极为不利。有位教育专家曾经说过，孩子在幼时对某件事情产生兴趣，完全要靠大人的支持。既然如此，家长对孩子所做的事就不能漠不关心。有时，家长之所以觉得孩子做的事情无聊乏味，那是因为家长用成人的眼光来看问题，如果你换一个角度，站在孩子的立场去看事情，也许你的想法就会有所改变了。

孩子和成人一样，他们也有自己独立的人格。就人格而言，不应有家长与孩子之分，不应存在老师与学生之分，人人都应该是平等的，谁也不例外。幼儿时期是孩子人格形成的最初时期，这个时候父母应该让他们感觉到自己对他们是平等公正的，应该给予他们光明自由的空间。孩子心灵深处的那些美好东西都是大自然赐给人类的宝贝，是有利于孩子成长的本能和天性，这种本能和天性潜藏在孩子大脑中，要认真地对他们进行了解和探究，只有这样，孩子才能得到更好的发展。

父母应该明白，孩子的思维方式是不容忽视的。因为各年龄段的孩子有他们自己的理解范畴。有他们自己的思维方式。有些事情在成人看来也许微不足道，但是孩子却对它们表现出莫大的兴趣。孩子的思维是很不成熟的，他们就是靠着众多的单向思维使自己不断地丰富认识，积累经验并产生智慧的，这为孩子日后认知能力的培养奠定了良好的基础。

作为父母，应该怎样对待他们？是经常给孩子鼓励、肯定，还是不时批评孩子，给孩子不公正的评价？对孩子的思维肯定与否，不同的方式会给孩子的成长带来不同的影响。所以，父母一定要尊重孩子的天性，谨言慎行，不要给孩子幼小的心灵造成伤害。

金玉良言

　　眼睛是心灵的窗口，用眼神来识人也是我们经常做的事情之一，一个心地善良的人，其眼神也必定是温和的、友善的。透过孩子的眼睛看到的世界是无限美妙的，这也是人一生中最宝贵的财富。如果孩子眼中的世界都是污浊的，那么，有谁还想继续生活下去？家长一定要保护这份纯真与美妙。

三、请尊重孩子，让平等完美展现

要想让孩子成才，首要的问题是尊重孩子及其个性。梅兰芳先生善于育子成才，经常有人向他请教培养子女的经验。每当此时，梅兰芳先生总是微微一笑，淡淡地说："尊重孩子就像尊重观众一样！"尊重孩子，平等民主地对待孩子，是孩子茁壮成长的保障。

事例一：

列宁出生在一个知识分子家庭，父亲靠半工半读求学，后来当了省国民教育总监。伊里亚本人并不是新社会的改革者，但留给孩子们的却是他的优秀品质。

伊里亚是一个十分公正的人。他在任教育总监期间，经常深入下去搞些调查研究。一次，伊里亚到一个学校去视察，学生们正在上作文课。他看到有个学生的作文簿上，上次写的作文被老师打上了大红叉批了个零分。他拿起作文一看，原来题目是《今天的印象》。这位学生写了上次伊里亚来视察数学课的情形。他写道："我发现他的'P'音稍微有点不清楚……我就想，我是个小学生，尚且能正确地发'P'音，而他是个总监，是个有学问的大人物，倒不会发'P'音。"

伊里亚找到教员，问这是怎么回事。教员说作文里有对总监不够尊敬的地方。伊里亚说："这是一篇很好的作文，语法正确、连贯，没有丝毫虚构捏造，写得真实，也完全符合老师出的题目。"然后，他就给这个学生改批了"优"，并且签上了自己的名字。

伊里亚把毕生的精力都贡献给了发展国民教育的事业。他经常不在家，一走就是几个星期。但他每次回到家里，都给孩子讲自己在外边遇到的各种新闻，如什么地方办起了新学校，同巡官、地主进行了什么斗争，怎样发展教育，怎样克服居民的愚昧和偏见，等等。家里添置个什么东西，怎样选择职业，他都听取孩子们的意见。平时他让孩子们自由地、随便地参加大人的谈话，允许提出不同意见。提得不对，他就认真向孩子解释；有时大人的意见有片面性，孩子的意见正确，他就当场表扬孩子，承认自己的错误。正是这样一种民主的空气，培养了孩子们追求真理的精神。

家里提倡民主作风，并不意味着放弃严格的纪律要求孩子。

在伊里亚家中，作息都有大体规定。比如，当大人做事的时候，小孩子即使提前做完了作业，也不准吵闹，以免影响别人。如果有哪个孩子不听话，闹得过火，就会被领到书房里，让他坐在一把漆布做的椅子上作为处罚，等妈妈允许后，才让下来，再去玩耍。

列宁从小就是在这种环境里受到了良好的教育和熏陶。

伊里亚的孩子都成了革命者。列宁的哥哥亚里山大，因积极参加"民意党"被处死刑，死时只有21岁；姐姐安娜，是社会民主党第一届莫斯科委员会委员；妹妹奥里咖和列宁一样，爱读马克思的书；弟弟德米特里，是个职业医生，因从事革命活动曾两次被捕；小妹妹玛丽亚，从1899年起就成为一个职业革命家。

事例二：

有一次法国教育家爱尔维修去英国旅游，在不同的场合发现了一个相同的现象：

一个大约四五岁的小男孩，因为姐姐先坐到了一个位置上而不高兴，站在那里不愿坐另一个位置。孩子的妈妈便蹲下去对他说："这两个座位其实是一样的，对吗？既然姐姐已经坐下了，你为什么一定要坐她那个呢？下次再有机会让你先坐，好吗？"孩子眨眨眼睛，看看座位，确实没有什么两样，也就坐下来，高高兴兴地吃饭了。后来，爱尔维修无论在朋友家里，在儿童游乐场，还是在公园散步，看到大人们与小孩说话时，总是蹲下来，与孩子处在一个水平上，还往往用双手握住孩子的小手，用亲切的目光对望着，和颜悦色，以商量的口气与孩子说话。孩子们也似乎都很懂事，眨眨眼睛，频频点头。

爱尔维修与一位英国儿童心理学专家谈起这个现象，专家解释说："与孩子说话当然要蹲下来呀！他们年龄太小，还没有长高，只能是大人蹲下来，才能平视着说话，我们从小父母都是这样同我们说话的，否则怎能平等地交流呢？小孩也同我们一样是独立的人，应当得到尊重与平等对待。"

不少家长认为既然是教育，就必须采取训导的方式，于是批评、指责、规劝整日不断。家长的刻板、乏味、重复的说教，根本不给孩子思考和理解的时间，也不让孩子表达自己的意见。这种教育方式不但收不到正面的教育效果，还必然会带来一系列的消极后果。时间一长，孩子的逆反心理表现得越来越强烈，并可能在心理上形成这样的三部曲："不满—麻木—反抗"，虽然多数的反抗是以沉默的方式出现的。

家长应该明白，每一个人都希望别人尊敬自己，孩子在家中也必然有这种心情，家长只有尊重子女，所说的话孩子才会听，教育才可能奏效。有时家长没把事情搞清，就训斥孩子，并以势压人不让孩子说话。其实，许多情况下，孩子往往没有错。家长在向孩子表达自己的意见和看法时，应当在心平气和、相互理解气氛中，以交谈的方式来进行。只有两代人感情上的沟通，才能达到教育的目的，才能实现把孩子培养成为有用之才的愿望。

良好的家庭环境，家长和孩子的人格应保持平等，父母不应该因子女年纪小，而漠视他在家中的地位。一个甜蜜的家庭，父母与子女间应该有最好的沟通，而且彼此体谅与尊重。

事例三：

陈景润不仅是数学奇才，在教育孩子方面也有独特的见解。他的儿子名叫陈由伟，这个名字是陈景润起的。陈、由是他与夫人各自的姓，伟则希望其对人类有伟大贡献的意思。

陈景润对独生儿子的培养方法是：民主地对待儿子。家庭民主，父子民主，母子民主，使孩子能自由自在成长，使他的思维方法更具有个性。陈景润认为，孩子有个性才能成才，文艺家、政治家、科学家都靠个性的发展才获得成功。

陈景润希望儿子将来也当科学家。陈由伟天生聪明，每当他拿玩具，便好奇地把玩具解剖——拆开看个明白。一个玩具几十元，当母亲的便拉下脸来严肃批评儿子。这时，陈景润总是乐呵呵地站在儿子一边说："孩子有好奇心是件好事。他能拆开玩具证明他有求知欲望，能研究问题。当父母的要支持他才对。"

儿子上小学后，常常向陈景润谈自己的事，学习、劳动或与同学的往来。陈景润认真听着，然后为孩子当参谋，或表扬或批评纠正。很快，他就获得了孩子的信任，和儿子成了朋友。

陈景润认为，教育培养孩子，要因人而异，不同环境、不同性格，教育的方法也要不同。这正是这位举世闻名的数学家的过人之处。

这是经验之谈，值得广大父母借鉴。

金玉良言

我们所面对的孩子虽然年龄很小，但是内心里却有着与成年人同样的自尊。因此，激发起他们的自尊心，保护他们的自尊心不受伤害，就成为一个很有效的教育方法。只要你把孩子真正当做朋友，重视他，关心他，为他骄傲，一旦孩子与家长形成了朋友式的深层次交流，双方都会意识到，这是多么幸福的事。

四、理解孩子的心

爱默生曾说过："被了解是件奢侈品。"的确如此。孩子需要被了解，并且是朋友般的了解。父母只有把他们当做自己的朋友，才会为他们所接受。否则，你就无法和孩子建立起健全的关系。只有建立了朋友的关系，才能有彼此之间充满信任感的沟通。

亲爱的父母们，你在要求孩子的同时，有没有想过孩子在想什么呢？你对孩子在学校的生活环境了解吗？你对孩子与同学之间的关系了解吗？你知道孩子是怎么看老师的吗？你对孩子的学习兴趣了解吗？你对孩子的快乐和痛苦了解吗？你能帮助孩子解决生活中的痛苦和烦恼吗？你知道父母在孩子的眼里是什么形象吗？你知道你在孩子心中的地位吗？你能引导孩子顺利地走上人生的快车道吗？你了解自己的孩子吗？如果你真正了解自己的孩子，就能把孩子引上正确道路。

在当今的中国，大多数家庭只有一个孩子，父母把全部的关爱、全部的心血都倾注在这一个孩子身上，按理说，父母应该是孩子最知心的人吧，有了心事应该向父母诉说吧，可实际情况却不是这样。这，不能不引人深思啊。

一个孩子在谈到自己心目中理想的父母时这样说："我心目中理想的家长应该是以身作则、树立榜样的家长。您在单位努力工作，我们在学校也会努力学习；您和邻居友好相处，我们在学校也会团结同学；您在家温和体贴，我们也知道关心他人；您遇事不急不躁，我们也能学会冷静；您谈吐幽默智慧大度，我们也能学会开朗活泼，学有所长。现在学校正在开展素质教育，今后社会上需要多方面的人才，我们希望自己拥有良好的成绩、健康的体魄、健全的人格。所以也希望家长能够经常带我们跑步、打球，看望爷爷奶奶、姥姥姥爷，经常带我们参加公益活动，和我们一起看课外读物，我们就一定会有巨大的进步，给他带来意想不到的惊喜，身教胜于言教，爸爸妈妈给我们带个好头，做个榜样。"

看了这段话，相信很多家长都会惊讶，原来一个孩子会有那么丰富的思想，真的不可小视他们的才华。有的时候妈妈关心孩子这个关心孩子那个，但是却忘记了孩子真正想要的是什么，这是母子隔阂的开始，倘若我们能够早些了解这一切，多与孩子进行沟通交流，在关键的时候用引导的方式让孩子对自己敞开心扉，就能够深刻地了解孩子的内心，知道他们想要什么，最需要什么，只有这样我们才能把孩子的忙帮在点子上，帮到孩子的心坎里。

下面让我们来看一个故事。希望对家长能有所帮助：

从前有一个国王，他的王子总是幻想着自己是土耳其人。所以自己应当赤裸着身体，蹲在餐桌下面，捡饭渣吃。

王子每天都是这样，这可急坏了国王。他请遍了国内所有的医生，结果没有一个能帮助他的儿子。一天，有个智者来到国王面前，主动要求帮助这个孩子。

那个人脱光衣服，和国王的王子一起蹲在餐桌下面。当王子问他为什么蹲在桌子下面时，那个智慧的人笑着回答说："因为我是一个土耳其人。"

"我也是一个土耳其人。"国王的儿子说。

就这样，两个人光着身子在餐桌下面蹲了好几天，彼此慢慢熟识起来。

有一天，智者让人扔几件衬衫下来。

"你是不是觉得土耳其人不能穿衬衫？"智者问王子，"土耳其人当然能穿衬衫，一个土耳其人是不能根据其是否穿衬衫来判断的。"于是两个人穿好衬衫。

几天以后，那个智者让人扔几条裤子下来。"你是不是认为穿裤子的人不是土耳其人？"他问王子。王子回答："当然不是。一个土耳其人是不能根据其是否穿裤子来判断的。"于是两个人都穿上了裤子。那个智者继续这么做，直到两人都穿得整整齐齐。

然后他让放些食物在餐桌上。"你是否觉得，如果吃好东西就不是土耳其人？"智者又问王子。"当然不是。"王子回答。于是他们就一起吃起来。

最后，智者说："你认为一个土耳其人必须整天蹲在桌子下面吗？你知道，坐在餐桌旁仍是一个土耳其人，这是完全可能的。"于是，那个智者就这样一步一步地把男孩带回到现实世界中来。

有的时候，孩子在想什么我们根本不知道，当他们有了出格的举动，父母就开始不知所措，干着急，就是不知道怎样才能帮助孩子转危为安。这时候我们不妨学学那位智者，先了解一下孩子在想什么，他更需要什么，然后慢慢地扭转他们的思路，把他们从幻想的世界里拉回到现实中来。这说起来简单，做起来却是艰难的。家长这时候应该忘记自己的年龄，把自己和孩子放在同一个水平上，慢慢地去接近孩子的心灵。

要知道做父母是很不容易的，想成为成功的父母就更不容易了，它需要我们为孩子付出不懈的努力，才能把自己的孩子培养成一个行为得体、彬彬有礼、品格端正的好孩子。相信孩子，同时也相信自己。我们首先要明白什么是对孩子有益的事情，而什么样的行为是不可取的。

每位家长都在为自己的孩子操心，每个父母都希望孩子像自己期望的那个样子成长。但是很多家长却忽略了孩子有思想，他们在想什么，这个问题非常重要，它关系到孩子的健康和前程。

 **金玉良言**

其实，孩子是需要和家长沟通的，只有这样，他的心结才会打开，他的心情才会放松。既然如此，了解孩子的想法就可以帮助他们找到成功的钥匙，让他们的生活少一点黑暗，多一些阳光，少一分忧郁，多一些快乐。

五、父母也要有童心

有一部分父母教育孩子的失败往往就是由于缺乏童心。父母经常用大人的眼光来看孩子，其实孩子有属于自己的天地，他们对任何事物都感到好奇，充满了幻想，好玩游戏，爱提问题。但是，许多父母让孩子"规规矩矩"，总想把孩子变成"小大人"，这种脱离年龄特点的教育很容易造成两代人的隔阂，大多数都是失败的。

父母不理解孩子还表现在很多方面，如孩子的兴趣爱好与父母的不同、行为习惯与父母的不同等。孩子的做法往往带有新时代特色，而父母的做法往往带有过去时代的痕迹，两代人的经历不同，当然会有很多隔阂。

那么，怎样由隔阂向理解转化呢?

首先，要了解孩子的心理。

不了解孩子的心理就不会具备童心，尽管你是为孩子着想，但却很难取得好的效果。

例如，孩子下雪天想与小朋友一起去打雪仗，可是妈妈怕孩子着凉，就把孩子关在屋子里。孩子苦苦哀求："妈妈，让我出去玩一会儿吧，玩一会儿马上就回来。"妈妈却说："外面天气冷，小心着凉。他们比你大，会欺负你的。你有这么多的玩具，在家自己玩啊!"孩子哭了，这小天地怎么能与小伙伴打雪仗相比呢?

还有一些孩子宁愿用自己的电动玩具去换其他小朋友手中的一个小泥人，有时候他们连养一只小蝌蚪也会倾注全部的爱心……这些在父母看来简直是难以想象的事情，可对孩子来说却是正常的。

任何一个孩子在思想观点、感受、感情、快乐、不安、忧愁等方面都是一个独特的世界。谁了解孩子的心理，谁就会赢得孩子的心，取得教育的主动权；反之，则会让孩子产生顶牛现象，甚至遭到孩子的怨恨，费力而不讨好。

其次，要知道孩子的需求。美国学者赫茨为了了解孩子的心理要求，对五大洲20多个国家10万名孩子进行了调查，发现孩子对父母的主要要求有10条：

（1）父母和孩子之间要保持亲密无间的关系。

（2）对每个孩子都要给予同样的爱，不要偏心。

（3）孩子在场，不要吵架。

（4）父母之间要互相谦让，互相谅解。

（5）任何时候都不要对孩子失信、撒谎，说话要算话。

（6）在孩子的朋友面前不要讲孩子的过错。

（7）对孩子提出的问题要尽量全面地予以答复。

（8）孩子的朋友来家做客时，要表示欢迎。

（9）对孩子的爱要稳定，不要忽冷忽热，不要动不动就发脾气。

（10）注意观察和表扬孩子的优点，不要过分强调缺点。

美国《读者文摘》也曾刊登过一篇孩子写给父母的信，充分表达了孩子对父母的要求，这对父母了解孩子的心灵世界有一定的启示作用。父母要跟上孩子的发展变化，了解孩子不同时期的心理特点，了解孩子的兴趣、爱好、性格的变化，理解孩子的欢乐与苦恼，这是保持童心，缩短与孩子之间的距离，心理接近、心灵相通的基础。

孩子写给父母的信中，有以下要求：

（1）请给我一些自由，让我自己决定一些事情，允许我不成功，以便我从不成功中吸取教训，总有一天，我会自己决定自己的人生道路。

（2）我的眼睛不像你们见过世面，请让我自己慢慢地观察一切事物，并希望爸爸妈妈不要过多地对我加以限制。

（3）我的手很小，无论做什么事，请不要要求我十全十美。我的脚很短，请让我慢些走，以便我能跟得上你们。

（4）家务事是繁多的，而我的童年是短暂的，请花些时间给我讲一点世界上的奇闻，不要只把我当成取乐的玩具。

（5）请让我和你们一起娱乐。我需要从你们那里得到愉快，正像你们需要从我这里得到欢乐一样。

（6）我的感情是脆弱的，请对我的反应敏感些，不要整天责骂不休。对待我应像对待你们自己一样。

（7）请爱护我，经常训练我对人的礼貌，指导我做事情，教育我靠什么生活。

（8）我需要你们不断的鼓励，不要经常严厉地批评、威吓我。你们可以批评我做错的事情，但不要责骂我本人。

任何一个人都有属于自己美好的童年生活。可一旦做了父母，往往就把自己的童年给忘了，一味以父母的心情要求孩子。假如父母能经常回忆自己的童年，"将心比心"，遇到问题替孩子设身处地想想，就不难理解孩子此时的心情，对孩子的教育方法自然也会有所改变。

例如，孩子正跳绳跳得起劲，父母非得让孩子马上回家，孩子的嘴就会噘得老高老高。为什么呢？因为她刚跳完，应该给他人抢绳了，这时走开，小朋友就会对她不满。如果说好不容易等到该她跳了，而父母把她叫回家，她心里也会不满。假如父母能够理解孩子的这种心情，说，再玩几分钟就回家，孩子有了思想准备，"告一段落"后自觉不玩，心里的不平衡也就得到了解决。

做父母的不要忘了自己的童年：跳房子、下老虎棋、弹球、拍洋画、打弹弓、跳皮筋、吹泡泡、过家家，都曾使自己迷恋过；骑马打仗、藏猫猫、打雪仗，也曾使自己激动过，假如父母能回忆一下自己的童年，对于理解孩子，正确引导孩子都是大有好处的。

当然，理解不是最终的目的，而是教育的起点。理解代替不了教育，但没有理解，教育也就无从说起。有一部分孩子与父母的情绪对立，常常是父母不理解孩子，简单粗暴教育孩子造成的。理解就是为了避免这样的做法，变简单粗暴为耐心诱导，变单纯禁止为积极疏导。

最后，要看到社会的变化。

有一部分父母说，我具备童心，我常常拿我小时候的情况与现在的孩子比，可越比越麻烦，与孩子的代沟也就越深。这是什么原因造成的呢？是因为机械对比而造成的。父母要具备童心，但不能只是自己儿童时代的童心，而是要用发展的眼光来看社会，要看到时代前进的步伐，现代孩子的兴趣、爱好与父母童年有很大的差异。孩子的生活条件改善了，智力开发早了，信息广泛了，思想解放了，观念也必然有所改变。假如父母看不到这些，就会造成与孩子的隔阂。

因此，保持童心，还不完全是指父母自己童年时的童心，而是现代儿童的童心。这就要求父母时时刻刻研究社会变化对孩子造成的影响，不能以旧的观念来看待新一代的孩子。

 金玉良言

童心是最纯洁、最美好、最可贵的东西，需要每一位家长用心呵护才能茁壮成长。父母不理解孩子，对孩子的爱反而会使孩子反感，其要害是父母脱离了孩子的实际，强人所难，甚至把孩子当成执行自己意志的工具。相反，站到孩子的立场上以孩子的目光看待自己的要求，支持孩子的正当要求，与孩子同喜、同忧、同乐，心灵相通，情感交融，这样才能爱得准，爱得深，爱得适当。

第十一章
关注孩子的心理健康

先生不应该专教书；他的责任是教人做人。学生不应当专读书；他的责任是学习人生之道。

——陶行知

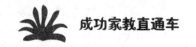

一、扫除"妄自菲薄"的观念

世上大部分不能走出生存困境的人，都是因为对自己信心不足，他就像一棵脆弱的小草一样，毫无信心去经历风雨，这就是一种可怕的自卑心理。所谓自卑，就是轻视自己，自己看不起自己。自卑心理严重的人，并不一定是自身具有某些缺陷，而是不能悦纳自己。自惭形秽，常把自己放在一个低人一等、不被自我喜欢，进而演绎成别人也看不起自己的位置，并由此陷入不能自拔的痛苦境地，心灵笼罩着永不消散的愁云。

事例一：

王璇就是这样。她本来是一个活泼开朗的女孩，竟然被自卑折磨得一塌糊涂。

王璇毕业于某著名语言大学，在一家大型的日本企业上班。大学期间的王璇是一个十分自信、从容的女孩。她的学习成绩在班级里名列前茅，是男孩追逐的焦点。后来，王璇变了，原先活泼可爱、整天嘻嘻哈哈的她，像换了一个人似的，不但变得羞羞答答，甚至其行为也变得畏首畏尾，而且说起话来、干起事情都显得特别不自信，和大学时判若两人。每天上班前，她会为了穿衣打扮花上整整两个小时的时间。为此她不惜早起，少睡两个小时。她之所以这么做，是怕自己打扮不好，而遭到同事或上司的取笑。在工作中，她更是战战兢兢、小心翼翼，甚至到了谨小慎微的地步。

原来到日本公司的第一天，王璇就发现日本人的服饰及举止显得十分高贵及严肃，让她觉得自己土气十足，上不了台面。于是她对自己的服装及饰物产生了深深的厌恶。第二天，她就跑到服饰精品商场去了，可是，由于还没有发工资，她买不起那些名牌服装，只能悻悻地回来。

在公司的第一个月，王璇是低着头度过的。她不敢抬头看别人穿的正宗名牌西服、名牌裙子，因为一看，她就会觉得自己穷酸。那些日本女人或早于她进入这家公司的中国女人，大多穿着一流的品牌服饰，而自己呢，竟然还是一副穷学生样。每当这样比较时，她便感到无地自容，她觉得自己就是混入天鹅群的丑小鸭，心里充满了自卑。

服饰还是小事，令王璇更觉得抬不起头来的，是她的同事们平时用的香水都是洋货。她们所到之处，处处清香飘逸，而王璇用的却是一种廉价的香水。

女人与女人之间，聊起来无非是生活上的琐碎小事，主要的当然是衣服、化妆品、首饰等。关于这些，王璇几乎什么话题都没有。这样，她在同事中间就显得十分孤立，也十分羞惭。

在工作中，王璇也觉得很不如意。由于刚踏入工作岗位，工作效率不是很高，不能及时完成上司交给的任务，有时难免受到批评，这让王璇更加拘束和不安，甚至怀疑自己的能力。

此外，王璇刚进公司的时候，她还要负责做清洁工作。看着同事们悠然自得地享用着她打的开水，她就觉得自己与清洁工无异，这更加深了她的自卑感……

像王璇这样的自卑者，总是一味轻视自己，总感到自己这也不行，那也不行，什么也比不上别人。怕正面接触别人的优点，回避自己的弱项，这种情绪一旦占据心头，结果是对什么都提不起精神，犹豫、忧郁、烦恼、焦虑便纷至沓来。倘若遇到一点困难或者挫折，便长吁短叹，消沉绝望，那些光明、美丽的希望似乎真的会与自己断绝关系了。这与现代人应该具备的自信气质和宽广胸怀是格格不入的，必须引起人们的警觉和注意。

实际上，成功往往离我们只有半步之遥。然而这半步，有时却要你付出几年、十几年甚至几十年的努力才能跨越。不是大家没有能力，而是不相信自己有这个能力。很多朋友生活在自卑中，总拿自己的弱点与别人的强项相比，却不愿对自己大喊一声"我能行！"

造物主创造世界万物时，相信每一件事物都具有其存在的价值。在这个世界上只要找对了自己的位置，哪怕只是一块不起眼的石头，总有一天也会发光、发亮。家长要让孩子有足够的信心和毅力，并且要坚信"天生我材必有用"。

事例二：

李海龙生下来的时候没有双臂，5岁时的一场车祸又夺走了他的左腿。这样，他的四肢只有一条右腿幸存。但父母从不让他因为自己的残疾而感到不安，积极培养他各方面的兴趣。

在一次收看残奥会转播节目时，他看到美国有个游泳运动员没有一个手臂，却以近乎完美的表现夺得了冠军。顿时，小海龙萌生了学游泳、为国争光的念头。那年，小海龙才8岁。

但是教练却婉转地告诉他，说他"不具备做游泳运动员的条件"，因为他只有一条腿，完成复杂的游泳运动近乎天方夜谭。最后他申请加入地方残联游泳队，并且请求教练给他一次机会。教练虽然心存怀疑，但是看到这个男孩子这么自信，对他有了好感，因此就收他为徒。

两个星期之后，教练对他的好感加深了，因为他似乎已经克服了自身的身体缺陷，可以在游泳池中做一些常规的动作，并且做得很到位。小海龙一直坚持刻苦训练，别人练半小时，他就练一小时，因为他知道自己的先天条件太差，只能靠后天努力来弥补，而且他的目标是残奥会。

他一生最伟大的时刻到来了。那是残奥会的现场。在游泳比赛场馆里，各国选手一一就位，等待着发令哨响。海龙在工作人员的帮助下，站在起跳台上，面对着碧色的池水，他仿佛看到了五星红旗冉冉升起，《义勇军进行曲》在耳边回荡，他笑了。

出发了！只见海龙如一条梭鱼敏捷地跃入水中，奋力向前游。唯一的一条右腿掌握着平衡，由于没有手臂不能压水，他只能加快将头探出水面的频率，既为呼吸，也是用头与肩部代替手臂，起到压水的作用。

海龙终于如愿以偿，他夺得了冠军。当他站在最高的领奖台上，残奥会主办方代表将金牌戴到他脖子上之前，他请求代表将奖牌放在自己唇边，他要吻一吻它。

"真令人难以相信！"有人感叹至深。李海龙只是微笑。他想起他的父母，他们一直告诉他的是他能做什么，而不是他不能做什么。他之所以创造这么了不起的纪录，正如他自己说的："天生我材必有用，我相信我能行。"

总是听到有人在耳边抱怨"生不逢时"，"千里马好找，伯乐难寻"，"现在的工作不能体现自己的价值"。实际上，这些人总是忽略一些问题，他们是否将自己放在了正确的位置上，是否为自己创造了被伯乐相中的机会，还是仅仅安慰自己"天生我材必有用"而不去做出努力以改变现状？

每一件事物、每一个人都有其优势，都有其存在的价值。一个人如果陷入了自卑的泥潭，他能找到一万个理由说自己为何不如别人。比如：我个矮、我长得黑、我眼睛小、我不苗条、我嘴大、我有口音、我汗毛太多、我父母没地位、我学历太低、我职务不高、我受过处分、我有病，乃至我不会吃西餐，等等。由于自卑而焦虑，于是注意力分散了，从而破坏了自己的成功，导致失败，这就是自卑者自己制造的恶性循环。一个人如果陷入自卑，在人际交往中除了封闭自己以外，就有可能会奴颜婢膝，低三下四。

一个人如果自卑，他不仅不敢有远大的目标，同时他将永远不会出类拔萃；一个民族和国家，如果自卑，只能当别国的殖民地，站不起来，也不敢站起来，只能跟在别国后边当附庸。

 金玉良言

　　自卑的孩子总觉得自己处处不如别人，常把自己定格在"我不行"的范围内，常常怀疑自己的目标和能力，总是觉得自己最终会成为一个失败者，长期下去，就会使自己的才能得不到积极开发。父母要帮助孩子正确认识和处理自卑的消极情绪，积极面对生活，不要让机会从眼前溜走。

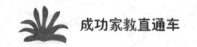

二、嫉妒是心灵的毒瘤

黑格尔曾经说过，"有嫉妒心的人自己不能完成伟大事业，乃尽量去低估他人的伟大，贬低他人的伟大，使之与他本人相齐。"每个孩子或多或少都会有嫉妒心，嫉妒心表现在孩子身上是非常自然的，但如果父母对孩子的嫉妒心理不及时控制、转化，那么这种嫉妒情绪就会越来越强，直到影响孩子健全人格的形成。

在嫉妒者的眼里，被嫉妒者的成功仿佛证明了自己的失败；被嫉妒者的辉煌好像印证了自己的无能；被嫉妒者的各种优势又似乎说明了自己的不幸。心理学认为，凡是心理上厌恶的东西，行动上就容易自觉地同其决裂。因此，认清嫉妒心的危害，是不难克服的。

事例一：

很久很久以前，有一个地方遇到了百年不遇的大旱灾，湖水干涸，地面也干得裂开了口子。

在这个地方的湖中住着一只鳖。湖水干涸以后，它为了生存，便想找一个有水源的地方生活。可是它爬的速度太慢了，只怕自己爬不多远就会连饿带渴地死去。

有一天，从远方飞来了一群天鹅，它们围绕着以前有湖水的地方飞来飞去，寻找原来栖息过的湖泊。鳖见了，便叹了口气说："别找了，湖水早就干了。"

天鹅非常失望，只好商量再飞到别的地方，去找有水的地方。

鳖听了天鹅的话，心想：天鹅飞得快，一定很快就能找到水，不如求它们帮忙，把我也带走。于是，鳖就去求领头的天鹅。

天鹅答应带鳖一起走。于是，它们轮流用嘴衔着鳖向远方飞去。

天鹅飞了好远的路。一天，它们经过一座城市的上空。那里的人看到天上飞过一群洁白美丽的天鹅，都抬头仰望，赞叹道："多漂亮的天鹅啊！今生能看到如此圣洁的动物，真是幸福！"这个时候，也有人发现了天鹅嘴里衔着的大鳖。看到了丑陋的鳖，人们放声大笑："哈哈！这只丑陋的鳖怎么会和天鹅在一起，原本在地上成长，现在也跑到天上去了。难道丑鳖也想变成天鹅，别做梦了，真是不自量力啊！"

大鳖听到人们夸赞天鹅而嘲笑自己，终于忍不住了。它破着嗓子大骂："你们这群天鹅，到底比我好看多少？不过是有两只翅膀可以在天上飞罢了！有什么了不起的。臭美！"天鹅一开始还忍耐着，后来看到丑鳖因为嫉妒心起，骂得越来越难听，终于难以忍受。本来用嘴衔着它就够累了，被它一骂，天鹅相互使了一个眼色，把嘴巴张开，还在哇哇大骂的鳖突然感到身体直线坠落，还没有发觉是怎么回事，已经掉到地上摔死了。

可怜又可悲的大鳖就这样断送了自己的性命，究其原因就是嫉妒造成的。

一个真正了解自己长处，喜欢自己的孩子，是不会去嫉妒别人的，因为他有让自己引以为傲的东西，因此要治疗孩子的嫉妒心，家长只要帮助他接受自己，喜欢自己就行了。

事例二：

有一位叫张元的同学，成绩常排在全班第一。可是，每次临近考试，他的笔记本和复习资料都会不翼而飞；更让人气愤的是，在一次期末考试开始前的一小时，他接到"母亲车祸，速回家"的传呼，可是当他满头大汗赶回家时，母亲却安然无恙地在家看电视，"车祸"纯属子虚乌有。事后经查，这些事全都是同班一个同学所为。这位同学的成绩也不错，但常常排在张元的后面，为此，他心中妒恨不已，于是采取种种不光彩的手段干扰张元的学习和情绪，希望自己能超过张元。

可见，嫉妒对于孩子的身心发展是十分有害的，不仅直接影响安定团结，阻碍人的前进，甚至还会诱发犯罪。如果孩子屡生嫉妒，日久天长，就会成为一个心胸狭窄的人，不利于其健康成长。因此，父母要对孩子的嫉妒心理给予关注，平时要细心观察了解，关心他们的心结所在，一旦发现嫉妒心态的萌发，就应该及时地加以正确引导、制止和纠正，使孩子能够朝着健康的方向发展，在以后的人生道路上成为真正的强者。

 金玉良言

一个真正了解自己长处、喜欢自己的孩子，是不会去嫉妒别人的，因为他有让自己引以为傲的东西，因此要治疗孩子的嫉妒心，只要帮助他接受自己，喜欢自己就行了。

三、远离骄傲的陷阱

　　优秀的孩子往往自视过高，爱抬高自己贬低别人，甚至把别人看得一无是处，这样很容易滋生骄傲自满情绪。我们知道，谦虚使人进步，骄傲使人落后。骄傲自大会对孩子的发展产生消极影响。骄傲自大的孩子常在自己的周围竖起一道无形的"墙"，形成与外界的隔膜，这会使他们的心胸变得很狭窄。他们虽能取得一定的成就，但往往没有远大的理想和志向，只满足于眼前取得的成绩。而且，骄傲自大的孩子很难和同学们友好相处，因为他们不能做到平等对待，总是以高人一等的态度对待人或喜欢指挥别人。此外，骄傲自大的孩子情绪也不稳定，当人们不去理睬他们时，他们就会感到沮丧；当他们遭到失败和挫折时，又会从骄傲走向悲观、自卑和自暴自弃，否定自己的一切，觉得自己什么都不如别人。

　　骄傲自满、故步自封不但是个人成长进步的障碍，而且还会造成伙伴关系的紧张。所以，家长要教育孩子，不拿自己的长处与别人的短处相比较，因为这样比较的结果，无非是沾沾自喜，自以为了不起，导致看不起别人。只有全面、客观地比较，才能做到取人之长，补己之短。要知道山外青山楼外楼，强中更有强中手。

　　下面讲一个《骄傲的马》的故事，希望家长明白骄傲自大的后果。

事例：

　　一个富人有一匹高大的马。他让人给这匹骏马套上一副金质的笼头，安上一只昂贵的装饰华丽的鞍子，并披上一条上面织有金线的丝毯。这匹马眼睁睁地看着主人让人给它打扮得如此漂亮，不由得心花怒放和盛气凌人起来。

一天，这匹马被牢牢地拴着，它使劲挣脱了笼头，然后嘶鸣着从那里冲了出去。这时候有一头驴子朝它迎面走来，它背上正驮着沉甸甸的口袋，两条腿一步一步慢腾腾地往前迈。马咀嚼着，满嘴冒着白沫，从很远的地方就开始叫道："让开！是谁教你如此没礼貌的，居然看到一匹像我这样的马还不赶快让路？滚开，不然的话我搋你，把你搋死了，还要把你从这儿拖开！"

驴子怕得要命，连忙让开了一条路，一点儿也不敢吭声。

马横冲直撞地跑了过去，从灌木丛间飞快地穿行而过。可是在冲过灌木丛时，它的蹄冠受伤了；于是，从此以后再也不需要它当坐骑了。主人把他身上的金笼头和漂亮的鞍子取了下来，把它卖给了一个车夫。从这天起，它必须从早到晚拉车。

不久，驴子看见它在拉车，便说道："你好，朋友！你这是怎么搞的？你那只金笼头，那条金丝毯都哪儿去了？我怎么没看见它们？原来如此，亲爱的朋友，世界上这种情况是常有的：骄傲自大必将要受到惩罚。"

当然，当孩子出现骄傲自大情绪的时候，做父母的也没有必要对这些问题太着急，应该帮助孩子找出骄傲自满的原因来。

大哲学家苏格拉底总是不断地修正自己，不断地学习。他的学生问他："您学问那么大，怎么还有那么多疑问呢？"苏格拉底说："我的知识比你们多一些，好比是一个大圆的面积；你们的知识好比是一个小圆的面积。圆周的里面是自己已有的知识，圆周的外面是未知世界。由于大圆周长比小圆的周长要长一些，所以我接触的外部未知世界也比你们多些，我的疑问自然也比你们的多。"父母有必要让孩子明白这个道理：懂得越多，越应该谦虚。

在古希腊传说中，特洛伊战争中有名的英雄阿基里斯的身体是刀枪不入的。这是因为他小时候，母亲曾经把他倒浸在冥河中，而冥河水有神效。但由于母亲当时是捏住他的脚跟把他倒浸在河水里的，所以他的脚跟没有沾到河水，成了他身体上的薄弱环节，也是致命的地方。后来阿基里斯被帕里斯用暗箭射中脚跟而亡。可见，一个人如果只知道自己的优势而忽略自己的弱点，哪怕是很小的弱点也可能是致命的。

做父母的一定要让孩子认识到骄傲的危害，切勿让骄傲支配孩子。骄傲会使孩子失掉客观的标准，固执己见，拒绝有益的劝告和友好的帮助。盲目骄傲自大的人就像井底之蛙，目中无人，自以为是，严重阻碍继续前进的步伐。父母要让孩子知道：任何成绩只能是阶段性的、局部的，只是一个起点。在学习上，知识是无边的海洋，因一时一事的领先就趾高气扬，恰恰是自己知识不够、眼界不宽的表现。

 金玉良言

　　骄傲自大的孩子往往情绪不稳定，当人们对其不予理睬时，他们就会感到沮丧；当他们遭到失败和挫折时，又会从骄傲走向悲观、自卑和自暴自弃，否定自己的一切，觉得自己什么都不如别人。对此，父母应当从小注重培养孩子谦虚平和的心态，让孩子远离骄傲自大的"雷区"，培养孩子具备成功所需的各种优秀品质。

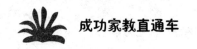

四、不要让孩子被别人的态度左右

你的孩子是不是一个有主心骨的人？他在做事时是按照自己的想法做决定，还是听别人的话而摇摆不定？她会不会因为有人说她新买的裙子太花哨而闷闷不乐一整天？会不会因为别人说他不行就不再去努力？

无论你的孩子以前是怎样的，从现在开始，试着教育他，不让别人的态度影响自己的心情。

别人的意见、态度只能参考，最后做决定的终究是自己。如果一味地被别人的态度所左右，那么结果只能像下面故事中的父子俩一样。

事例一：

父子俩赶着一头驴到集市上去。路上有人批评他们太傻，放着驴不骑，却赶着走。父亲觉得有理，就让儿子骑驴，自己步行。没走多远，有人又批评那儿子不孝："怎么自己骑驴，却让老父亲走路呢？"父亲听了，赶快让儿子下来，自己骑到驴上。走不多远，又有人批评说："瞧这当父亲的，也不知心疼自己的儿子，只顾自己舒服。"父亲想，这可怎么是好？干脆，两个人都骑到了驴背上。刚走几步，又有人为驴打抱不平了："天下还有这样狠心的人，看驴都快被压死了！"父子俩脸上挂不住了，索性把驴绑上，抬着驴走……

故事中父子俩的行为很可笑，但笑过后想想，自己是不是也经常这样：做事或处理问题没有自己的主见，或自己虽有考虑，但常屈从于他人的看法而改变自己的想法，人云亦云，随波逐流。

要成就一番事业或工作，总会听到许多反对意见。这些意见或来自朋友与亲近的人，他们从自己的角度考虑，或纯粹是为青少年朋友担心，可能不赞成你的做法；也可能来自那些对你心怀恶意的人，他们诬蔑、攻击、诽谤，把你所要做的事说得漆黑一团。面对这种情况，如果你不能明辨是非，缺乏独立思考的精神，你就可能半途而废，甚至事情还没做就夭折了。因此，青少年朋友要想有所成就，就必须如一句西方格言所说："走自己的路，让别人去说吧！"

当然，这并不是说你可以不去认真听取别人有益的意见。如果别人的意见有可取之处，哪怕是来自"敌人"的意见，也应该吸取。但这和丧失自己的主见、屈从于他人不正确的议论是两回事。

所谓独立思考就是要不依赖经典，不依赖人言，不依赖过去的经验和成见，使自己成为自觉者，一位能自我实现的人。

牧场主罗伯特·尼兹为参观农场的小朋友讲了这样一个故事，故事中的孩子没有受其他人嘲讽态度的影响，最终实现了被人们认为是不可能的梦想。

事例二：

孩子的父亲是一位巡回驯马师。驯马师终年奔波，从一个马厩到另一个马厩，从一条赛道到另一条赛道，从一个农庄到另一个农庄，从一个牧场到另一个牧场，训练马匹，其结果是，这个孩子的中学学业被扰乱。当他读到高中，老师要他写一篇作文，说说长大后想当一个什么样的人，做什么样的事。

那天晚上，他写了一篇长达7页的作文，描绘了他的目标——有一天，他要拥有自己的牧场。在文中他极尽详细地描述自己的梦想，他甚至画出了一张0.8平方千米大的牧场平面图，在上面标注了所有的房屋，还有马厩和跑道。然后他为他的370平方米的房子画出细致的楼面布置图，那房子就立在那个0.8平方千米的梦想牧场中间。

他将全部的心血倾注到他的计划中。第二天，他将作文交给了老师。两天后，老师将批改后的作文发给了他。在第一页上，老师用红笔批了一个大大的"F"（最低分），附了一句评语："放学后留下来。"

心中有梦的男孩放学后去问老师："为什么我只得了'F'？"

老师说："对你这样的孩子，这是一个不切合实际的梦想。你没有钱。你来自一个四处漂泊居无定所的家庭。你没有经济来源，而拥有一个牧场是需要很多钱的，你得买地，你得花钱买最初用以繁殖的马匹，然后，你还要因育种而大量花钱，你没有办法做到这一切。"最后老师加了一句："如果你把作文重写一遍，将目标定得更现实一些，我会考虑重新给你评分。"

男孩回家，痛苦地思考了很久。他问父亲他应该怎么办，父亲说："孩子，这件事你得自己决定。不过我认为这对你来说是个非常重要的决定。"

最后，在面对作文枯坐了整整一周之后，男孩子将原来那篇作文交了上去，没改一个字。他对老师说："你可以保留那个'F'，而我将继续我的梦想。"

讲到这里，罗伯特微笑着对孩子们说："我想你们已经猜到了，那个男孩就是我！现在你们正坐在我的 0.8 平方千米的牧场中心，370 平方米的大房子里。我至今保存着那篇学生时代的作文，我将它用画框装起来，挂在壁炉上面。"他补充道，"这个故事最精彩的部分是，两年前的夏天，我当年的那个老师带着 30 个孩子来到我的牧场，搞了为期一周的露营活动。当老师离开的时候，她说：'罗伯特，现在我可以对你讲了，当我还是你的老师的时候，我差不多可以说是一个偷梦的人！我那些年里，偷了许许多多孩子的梦想。幸福的是，你有足够的勇气和进取心，不肯放弃，以至于让你的梦想得以实现。'"

"所以，"罗伯特说，"不要让任何人偷走你的梦！听从你心灵的指引，不管它指向的是什么方向！"

其实在很多时候，人们总是习惯性地想要操控身边人的命运，父母对子女也是如此。人们常常会忘记，自孩子出生之后，他便是一个完全独立的个体，他有自己的思想，有自己的意志，他成长的历程实际上是逐步独立的过程。

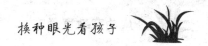

金玉良言

　　每个子女都要离开父母为他撑起的一片天空，这是一个必然的趋势。父母在教育子女的时候要尊重他们的理想，肯定他们的能力。在与子女沟通的时候，要摆脱一种心理：他是我的孩子，他的生命是我的延续，他的生活完全在我的意料之中，我能掌控他的一切。父母要记住：孩子的未来，不是你能一包到底的。

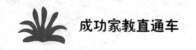
五、懦弱会影响孩子未来的发展

懦弱者，就是生活中那些胆小怕事的人。他们不是没有能力、条件和机会，就是因为生性胆怯、畏首畏尾、害怕困难、害怕失败、害怕被人耻笑。结果，他们的生命就消耗在无休止的犹豫和害怕之中，一事无成，永远平庸。

许多人都想成功，就是迟迟迈不开通向成功的第一步。他们沉浸在想象中的困难里，举棋不定、裹足不前、瞻前顾后。其实，这些困难可能原本并不存在。有时，他们之所以失败或达不到目标，并不是因为这件事情有多么困难，而是自己把自己吓退了。他们善于把问题想得很复杂，在思想中假设了诸多障碍，于是他们变得害怕，不敢尝试着去追求成功。所以，家长千万别让孩子形成懦弱的性格。

事例：

晓如刚刚上小学，文静秀丽，但是胆子特别小。她从来不敢一个人待在家里，大白天爸爸妈妈不在，也不敢一个人留在家里，总是到附近的奶奶家去；每次家里来了客人，总是不敢与人打招呼；要是听见打雷、看到闪电，总是吓得缩进爸爸妈妈的怀里；从来都不敢独自出门，有什么事总是要爸爸妈妈陪着；要是有道题目不会做，妈妈叫她去问隔壁的哥哥，她也不敢一个人去，非得妈妈陪着去不可。

晓如的性格，就是典型的懦弱。

一些心理学专家认为，孩子胆怯性格的形成与家长有着密切的关系。

（1）父母的暗示造成孩子的软弱。例如，孩子正安静地睡在自己的小房间里，突然电闪雷鸣，妈妈惊慌地把孩子抱在怀里，孩子从妈妈惊恐的动作中学会了害怕雷电，甚至从此不敢一个人在小房间睡觉。

（2）过分的关怀造成孩子的软弱。例如，经常看到一些孩子在上幼儿园或妈妈上班时哭闹不止。原来，妈妈自己那种恋恋不舍、反复叮咛和犹豫不定的言行，使孩子知道了"妈妈舍不得与自己分离"。

（3）不适当的表扬造成孩子的软弱。表扬是对行为的鼓励和肯定，它起着心理的强化作用。不适当的表扬使孩子的行为向不良方向发展。早期行为一旦定型，更容易持久，甚至影响终生。

胆怯是普遍存在的。美国斯坦福大学心理学家菲利普津巴多在对近万人的调查中发现，大约有40％的人认为自己羞怯、腼腆。胆怯有许多表现形式，如广场胆怯、社交胆怯、特定情境胆怯、特殊动物胆怯等。

过分胆小的孩子在社交、生活中都会遇到许多麻烦，尽管克服胆怯没有"灵丹妙药"，但综合中外专家的研究来看，克服和减少孩子的胆怯是可能的。

要矫正孩子性格懦弱，家长应力求做到以下几点。

1. 让孩子走向社会

要改变孩子的懦弱性格，首先家长必须纠正过分保护或过分严格的习惯。家长要有意识地把孩子从家庭的小圈子里解放出来，为孩子创造外出活动及与他人交往的机会，经常带孩子到公园或其他公共场所去，让他们接触外界、走向社会、认识社会、适应社会。家长还应带他们走亲访友，去各地旅游，以开阔他们的视野，丰富他们的知识；鼓励孩子与小朋友们一起游戏、交往，参加各种文体活动。

2. 不要嘲笑和恐吓孩子

有的孩子比较胆小，父母不要嘲笑孩子，更不要恐吓孩子，因为嘲笑和恐吓会强化孩子的胆怯心理，使孩子把胆怯藏在心里，不敢再在父母面前表露出来，这样就容易引发其他的心理问题。胆小的孩子非常害怕别人的评价，如果父母老是训斥孩子："真是胆小鬼！"孩子就会在心中形成一个不良的自我概念，即我就是一个胆小鬼。如果父母一再用恐吓孩子来达到制约孩子的目的，会使孩子越来越胆小。因此，父母应该鼓励孩子说出害怕什么，让孩子明白父母是愿意帮助他一起解决问题的。

3. 鼓励孩子勇敢面对陌生人

一些孩子不喜欢多说话，不善于争辩，尤其在陌生人面前，或在大庭广众之下，更是如此。对于这种孩子，家长应多为孩子创造条件，为其提供大胆讲话的机会。比如，孩子不敢在生人面前讲话，每当客人来时，家长应让孩子与客人接触，并求得客人的配合，让客人有目的地发问，一回生，二回熟，可逐渐改变孩子的懦弱性格。此外，家长可多为孩子提供独立思考、表达自己意见的机会。碰到事情，家长应多问孩子："你看怎么办？"如果孩子说得对，家长应大加赞赏，给孩子以鼓励，使孩子获得自信和勇气。如果孩子说得不对，或表达得不确切，也不要责怪孩子，不要让其感到难为情，应指导孩子，让他自己思索为何说得不对。这样，可不断地提高孩子说话的能力。

4. 有针对性地训练

有些孩子的胆小只是表现在很小的范围内，例如，在课堂上或公共场合中总是不敢自由发言，老师一叫，就紧张得说不出话来。针对这种胆怯，父母不能指望孩子一下子克服，勇敢地在课堂上回答问题，较好的办法是循序渐进地训练孩子：可要求孩子先将老师可能会提问的问题答案想好，考虑好怎样用语言来表达。然后，父母可以充当老师向孩子提问，让孩子来回答；也可以由其他人来充当老师，让孩子来回答。这样反复强化几次后，孩子对别人的提问就会不再那么紧张。接着，父母教育孩子在课堂上不妨大胆举手，让孩子明白，即使说错了，最坏的结果也只是被同学嘲笑，没什么大不了的，谁都有回答错的时候。经过以上几步的训练，孩子就会比较勇敢地发言了。

有些孩子害怕猫、狗等动物，父母可以有意识地在家里张贴一些猫、狗等动物的图片，让孩子熟悉这些动物的特征，感受到它们的可爱。然后训练孩子在愉快的心情下去抚摸图片上的动物，想象与这些动物一起玩耍的情景。如果孩子对图片上的动物不再表现出害怕的情绪，父母就可以让他接近真实的动物。

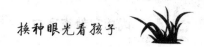
 金玉良言

　　父母应该告诉孩子这样的道理：一分耕耘一分收获，一滴汗水一点回报，只有依靠自己的努力获得成功，才能得到别人的尊重。当然，更要培养孩子良好的心理素质，特别是自信心。

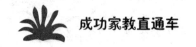

六、告诫孩子勿虚荣

我们平常所说的自尊心，就是尊重自己的人格、荣誉，不向别人卑躬屈膝，不容别人歧视侮辱，以维护自我尊严这样一种自我情感体验。自尊心是自我意识中最敏感的一个部分，一个人有了自尊心，就总是能争上游，不达目的誓不罢休。在平常生活中可以看到，有自尊心的人不甘落后，自觉主动地遵守纪律、努力学习，创造性地完成任务。自尊是一种可贵的情感，很好地利用它，能够丰富自己、提高自己、发展自己。

但是，有的孩子自尊得过分，特别好面子，贪图并追求表面的光彩，这就走向了虚荣。比如不能正确地估价自己，将父母或他人的荣耀也当成自己的；因为害怕别人看不起，而不顾经济条件是否允许，在穿着打扮上互相攀比；在知识学问上，不懂装懂；总想表现出一贯正确，听不得别人对自己的批评等，这些都是虚荣心的表现。

父母是孩子的第一任老师，他们的一些行为和态度会深刻影响孩子。很多时候，家长们都有一种心理，那就是总想着自己孩子的成绩可以无限制地增长，于是总拿别人孩子的长处来比自己孩子的不足，结果只能是自寻烦恼，这时，孩子往往又会变成受气包。由此看来，孩子变得敏感虚荣，都是在父母攀比之心的逼迫下产生的。

事例一：

冉冉在三年级的时候，数学成绩非常优秀，妈妈要求他数学成绩必须在 95

分以上，而冉冉基本上都能做到，因为妈妈的不断鼓励，冉冉逐渐产生骄傲自满的情绪，而且虚荣心也在加重，不管是在班上还是在家里，听不得一句批评的话。三年级下学期的期末考试，前一天晚上意外感冒，第二天考试时，状态很差。快要交卷了，他还有最后一题，一共6分，不答的话肯定考不到95分，为了完成妈妈的任务，为了自己不丢面子，他就冒险把同桌的试卷拿来抄袭，结果被老师抓个正着。回来后，冉冉妈妈还把冉冉狠狠地批评了一顿，也从那时起，虽然他每次都能考到不错的分数，但是非常讨厌数学考试。

如冉冉一样，很多孩子的虚荣心是被父母逼出来的，父母不关注孩子成长过程中是否快乐，而紧盯着孩子的分数，让孩子备受压力，为了父母的期望，有时不得不报虚假的成绩来获得父母的表扬与奖励，从而助长了孩子的虚荣心。

有的孩子步入青春期以后，随着生理上的发育和社会接触面的扩大，自尊心亦与日俱增，然而，这种自尊心容易被追求虚荣所扭曲。例如，他们穿华丽的服装，在同学中做出哗众取宠的举动，目的就是要显示自己，用片面的虚荣去满足自己某种好奇、好胜及自我表现的心理欲望。

事例二：

家境贫寒的小倩刚刚大学毕业步入社会。为了追求时髦，不惜借钱购买高档衣服，还借钱买了相当昂贵的项链、戒指来炫耀自己。周围的人羡慕地夸奖她有钱，她只说是爸爸妈妈给她买的。直到有一天要债的人"逼宫"，周围的人才明白过来是怎么回事儿。从此，大家都躲着她走，她也为此陷入了苦恼之中。

正如法国哲学家柏格森说："一切恶行都围绕虚荣心，都不过是满足虚荣心的手段。"虚荣心很强的人往往是华而不实的浮躁之人。这种人在物质上讲排场、搞攀比；在社交上好出风头；在人格上很自负、嫉妒心重；在学习上不刻苦。因而可以说，虚荣心是一种病态的社会心理。

心理学认为，虚荣心是自尊心过度的表现，是一种追求虚荣的性格缺陷，是一种被扭曲了的自尊心，是人们为了取得荣誉和引起普遍注意而表现出来的一种不正常的社会情感。

具有虚荣心理的人，表面上表现为强烈的虚荣，多存在自卑与心虚等深层次的心理缺陷。他们表面上追求面子，"打肿脸充胖子"，内心却很空虚，竭力追慕浮华，只是一种补偿心理，以掩饰心理上的缺陷。他们表面的虚荣与内心深处的心虚总是不断地在斗争着：一方面在没有达到目的之前，为自己不尽如人意的现状所折磨；另一方面即使达到目的之后，也唯恐自己真相败露而恐惧。一个人如果总是被这至少来自两方面的矛盾所折磨，他的心灵会是痛苦的，完全不会有幸福可言。

自尊心是建立在自信的基础上的。有自尊心的人也承认自己有比不上别人的地方，但是他们相信通过努力能够改变这种状况，使自己变得更好；而虚荣心却建立在自卑的基础上，有虚荣心的人非常在意自己在别人眼里的形象，总是不由自主地掩盖自己的弱点，以便显得自己和别人一样或比别人更优越。虚荣心使他们不是去努力提高自己的实力，而是急功近利地做表面文章，结果到头来并不能真正改变不利地位，反而进一步丧失了自尊。因此，虚荣并不能让人真正感受到内心的充实，永不满足的虚荣心带给人的只能是无休止的烦恼。

那么，家长如何帮助孩子克服爱慕虚荣的缺点呢？专家有如下建议：

1. 让孩子正确地对待舆论

孩子生活在群体之中，总免不了被别人品头论足，有些评论是正面的，那我们就应让孩子认真对待；有些评论则未免失之偏颇，那我们就应当让孩子提高辨别力，不要凡事人云亦云、毫无主见，以免让不正确的舆论左右孩子。

2. 帮助孩子正确评价自己

告诉孩子不仅要看到自己的长处和成绩，也要看到自己的短处和不足，对自己采取实事求是的态度，这样才可避免因过高估计自己而实际上做不到的难堪局面。

3. 教会孩子正确地对待荣誉

荣誉应当与一个人的真实努力相符，否则只能是虚假的。孩子需要得到别人的尊重，他们也有得到别人尊重的权利，但这种尊重必须建立在孩子真实的努力之上。要取得好成绩，一定要靠认真刻苦的学习。否则，即使赢得了"荣誉"，也不光彩，而且一旦暴露，只能受到他人的蔑视和仇视。面子"不可没有，也不能强求"，如果孩子"打肿脸充胖子"，过分追求荣誉、显示自己，人格就会受到歪曲。同时也应正确地看待失败与挫折，"失败乃成功之母"，只有从失败中总结经验，从挫折中悟出真谛，才能建立自信、自爱、自立、自强，从而消除虚荣心。

4. 让孩子学会公平竞争

竞争应是激励人奋进的过程，而不应成为目标，如果把竞争本身看做目的，便会使人过于看重结果，很容易引发不择手段、不讲规矩的举动。要让孩子明白，凡是竞争总有输赢，不要把目的只放在输赢上，而是要注重竞争的过程，体会竞争的乐趣，形成健康的心理。与别人的比较要立足于健康的而不是不良的比较，如比成绩、比干劲、比投入，而不是贪图虚名、嫉妒他人、表现自己。

如果孩子已出现自夸、说谎、嫉妒等病态行为，家长可以在发现后让孩子到操场上跑几圈，或者在其手腕上套个皮筋，以作警示与干预之用。久而久之，虚荣行为就会逐渐消退，但这种方法还需要本人有坚强的毅力与坚定的信念才能收到良好效果。

金玉良言

> 孩子的虚荣心从某种程度上说是被父母逼出来的：紧盯着分数，迫使孩子报虚假的成绩来获取父母的表扬与激励。因此，避免、消除孩子的虚荣心应当从父母自身做起。

第十二章
别再做孩子的 "保姆"

不能总是牵着他的手走，而还是要让他独立行走，使他对自己负责，形成自己的生活态度。

——（前苏联）苏霍姆林斯基

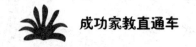

一、多给孩子独立做事的机会

父母爱自己的孩子是正确的，但是不能事事都替孩子做，要培养孩子自己做事的习惯。

平时应该给孩子提供一些独立做事的机会，不要老是包办代劳。要知道，你越是担心孩子，他越是无法独立。

事例一：

妞妞每天都会因为妈妈上班而哭鼻子，只要看到妈妈拿包出门，就抱着妈妈不让走。

一天，妈妈急着上班，却又被妞妞发现了，妞妞哭闹："不让妈妈走！不让妈妈走！"妈妈拿起一个洋娃娃递到她手里，对她说："妈妈一会儿就回来了，你先喂饱这个娃娃好不好？她还没吃饭呢！"妞妞根本听不进去："不！不！我不要妈妈走！"接过洋娃娃，将洋娃娃摔在了地上。"再不走，妈妈就要迟到了，快找奶奶去。"趁奶奶过来抱妞妞时，妈妈赶紧出了门。

每天如此，妈妈多么希望妞妞能对她说："妈妈，你去上班吧，我跟奶奶玩。"可什么时候才能实现呢？

妈妈开始刻意培养妞妞的自立能力。全家人都在家时，妈妈让妞妞一个人玩，但保证妞妞可以常看见自己。这会使妞妞在妈妈不在家时想到：现在妈妈不在，过一会儿会回来的，等着吧！

早上，妈妈会早早起床，做好上班的准备后，再和妞妞玩一会儿她感兴趣的游戏。在孩子一个人玩得高兴的时候，和她再见，并微笑着轻柔地说："一会儿回来和你玩。"回来时，妈妈会对妞妞说："我回来了，你玩得高兴吗？"

同时，妈妈尽量让妞妞多和爸爸玩，因为这样，她就慢慢会和更多的人接近了。

对于孩子，父母总是放心不下，认为自己应责无旁贷地"帮助"他们，但是，天长日久，你是否觉得孩子太依赖自己呢？看看你的孩子吧：早晨起来不叠被子，吃完了饭不收拾碗筷，甚至忘了带学习用具却怪大人没有提醒等，孩子怎么一点责任心都没有呢？要怪就怪你自己，谁让你做孩子的保姆呢？

现在许多父母都甘当孩子的保姆，事必躬亲。他们希望孩子能够在自己的呵护下得到更多的快乐，然而，他们却不知道，这样做阻碍了孩子的发展和独立能力，也抹杀了他们的责任意识。

假如孩子不能独立，经不起风雨，怎么可能为自己的行为负责，又怎么可能有责任心呢？

事例二：

龚毅大学毕业后本想在北京发展，但是找了一个月的工作都没有结果，他失去了耐心，便收拾行李回家了。更何况，此时他的父母已经开始通过关系为他找工作了。

龚毅的家在一个小城市，他的父母都是商人，在当地很有名气，手下有一家规模很大的旅店。由于龚毅有这样好的家庭，他从小到大就没有吃过什么苦。父母对他可谓尽心尽力，只要他有什么要求，父母就会极力地满足。

现在龚毅毕业了，凭着他父母的关系，要找工作其实根本就不存在什么问题。

很快，龚毅就在一个机关单位谋得了一份差事。开始工作的几天，龚毅很高兴，每天都早早地起床，按时上班。可是，没过多久，他的工作热情就降了下来。

工作半个月后，他就对父母说自己不想去上班。就这样，一个20多岁的年轻人，整天窝在家里上网、睡觉。这样的日子过了3个多月，大概是静极思动了，他又对父母说想去旅行。于是，父亲又给了他一笔钱，让他去旅行。

龚毅就这样晃晃悠悠地过日子，转眼就到了而立之年。此时，他的父亲已经头发花白，而他母亲工作的时候也开始力不从心了，可他还是一个"啃老族"。

然而，龚毅的父母始终没觉得有什么不对。直到有一天，父亲突然得了一场重病，打电话找在外地旅游的龚毅回家的时候，父亲才发现自己过去培养儿子的做法完全错了，因为儿子的回音没有一点悲伤，也没有一句安慰的话，只是说："我在外边过得很好，记得给我寄点钱过来。"

为孩子当了一辈子保姆，结果连他的关心都得不到。当你抱怨孩子缺乏责任心的时候，又是否想过自己过去的错误呢？其实很多时候，孩子的责任心正是被父母剥夺了。

正是由于你对孩子有求必应、过分呵护，才让他失去了应有的责任心。

事例三：

哈利是个很要面子的小男孩，他上四年级了。有一次去学校上课时忘了带作业，他发觉后立刻给妈妈打电话，请妈妈把作业送到学校。可是妈妈坚决不送，坚持让哈利自己回家拿。当时哈利在老师和同学面前感到很窘迫，但拗不过妈妈，只好自己回家去拿作业。

当哈利回家找出作业本后，他希望妈妈能开车送自己回学校，妈妈又不肯，于是他又得自己返回学校。

放学后，哈利就一整天的事情向妈妈表达了自己的不满，并且质问妈妈："你是不是不爱我了？"

妈妈笑了，说："我很爱你，这一点你知道。但是，你为什么忘带作业呢？"

"我赶校车忘了。"哈利觉得很委屈。

"这种感觉的确不好，以后你会怎样做？"妈妈和蔼地问。

"我想下次我会把作业本先放到书包里，我还可以在闹钟一响时就起床，不至于那么紧张。"哈利想了想说。

"说得好！你现在已经长大了，这些事情你自己都能做，并且可以做好，为什么要妈妈插手呢？这点小事如果都不愿意去做，将来又如何能够做大事呢？"妈妈赞赏道。

对于孩子完全清楚，并有能力自己处理好的事情，就让他自己去解决，并自己承担后果。比如不按时起床就会迟到，这是每个学生都很清楚的。他做不到，自然会受到应有的批评和惩罚。

在教育孩子时，一定要让孩子坚持做自己能做的事情，首先从小事做起，比如玩完玩具自己收拾好放回原处，每天起床后自己收拾床铺等。不仅如此，还要让他为自己做的事情负责，他一遍做不好，就做两遍，两遍不行就三遍，直到做好为止。

家长不要当孩子的保姆，要知道孩子从来到这个世界的第一天起就已经是一个独立的个体，他有手能做事，有脑能思考，有责任要承担，有自己的人生路要走，你不能替代他。

金玉良言

> 记住，孩子应该在各种体验中成长，你不能"越俎代庖"，把原本属于他的体验拿走，该让他做的就应该让他自己去做，他应该承担的责任，也要让他自己去承担。

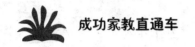

二、让孩子自己做决定

要真正做到科学地爱、理智地爱是不容易的。父母的观念不同，爱的方式也就不同，在此父母不妨尝试大人"放手"、小孩"动手"的教育方式，注重培养孩子的独立能力。独立能力的培养必须从小做起，从细微处着手。

孩子能够做的事绝不包办，父母要有意识地培养孩子自我服务的能力。当孩子老是想让你帮忙的时候，要对孩子说："自己的事情自己做，自己的事情自己决定。"诸如这样的话语。

事例：

潇潇小时候一直和爷爷奶奶生活在乡下，两位老人把孙女视为掌上明珠一般，疼爱有加，真是"含在嘴里怕化了，捧在手里怕摔了"。潇潇几乎不会自己完成任何事情，因为每样事情都由爷爷奶奶帮忙代劳。潇潇想自己洗衣服，奶奶就立刻抢走她手中的衣服说道："水太冷，小心冻坏你的手，奶奶来好了！"潇潇上学、放学都是由爷爷亲自接送的。奶奶爷爷就是这样像对待"小公主"一样照顾着潇潇。

后来，潇潇到了上初中的年龄，父母把她接回了城里。回到爸爸妈妈身边，潇潇怎么也不习惯，因为她已经对爷爷奶奶依赖惯了，每样事情都希望有人代劳，可是在家里，妈妈是不允许孩子这样的，妈妈希望把潇潇培养成为一个独立的人。

于是在家里经常听到这样的对话："妈妈，我应该戴哪种颜色的发卡？"

"都可以呀，自己的事情自己做决定吧。"

"妈妈，下面我应该干什么？"

"呵呵，自己的事情自己拿主意吧，我相信你有自我判断的能力。"

妈妈有意锻炼潇潇独立处理事情的能力，凡事都让孩子自己拿主意、作决定，慢慢地，潇潇逐渐不再依赖大人了，很多事情都能一个人处理得很好。

生活就是培养孩子果断性的最好课堂。让孩子自己决定该穿什么衣服，该怎样收拾自己的房间等，并不断有意识地缩短留给孩子的决定时间。

这里有一个原则是父母必须把握的，那就是不能让孩子"太自由"。比如说，今天天气很冷，棉衣肯定是要穿的，妈妈就可以这样问孩子："今天你要穿哪件棉衣？"回家后作业肯定是首先要做的，而不是先看电视，这样，父母就可以问："回家后你要先做语文作业还是先做数学作业？"当孩子知道什么是应该的什么是不应该的，父母就可以让孩子放手去干啦。

孩子不会做的事要让他们自己学着去做，让其养成为家服务的习惯。当孩子碰到困难时，就让他们自己去想，培养孩子解决问题的能力。使孩子具备独自解决问题的能力，将使孩子受益终身。解决问题的过程中，孩子学会了与人协商，请求别人的帮助等一些交往的技能，及时解决了实际的困难。所以，要相信孩子，放手让他们去做、去尝试、去体验，培养孩子的独立能力，使孩子对自己充满信心。

如果孩子有做事犹豫不决、不够果断的毛病，那就带您的孩子多参加乒乓球、网球、羽毛球、跳高、跳远等体育活动。进行这些项目的活动，任何犹豫、徘徊都会延误时机、遭到失败。在这些活动中，长期锻炼能帮助孩子增强果断的个性。

第一，解放孩子的头脑，使他们能想。

第二，解放孩子的双手，使他们能干。

第三，解放孩子的眼睛，使他们能看。

第四，解放孩子的嘴巴，使他们能说。

第五，解放孩子的空间，使他们能到大自然大社会里取得更丰富的学问。

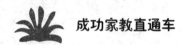

金玉良言

　　父母爱自己的孩子是正确的，但是不能事事都替孩子做，要培养孩子自己做事的习惯。要知道，你越是担心孩子，他越是无法独立。所以，不妨平时多给他提供一些独立做事的机会。

三、过分依赖的习惯要不得

　　孩子是在父母的怀抱里长大的，自然依赖父母。父母是孩子最可靠的安全屏障，最有力量和办法保护自己的孩子免受一切打击和伤害。年幼的孩子，正是在这样的心理安全网的保护下，逐步建立起自信与自卫的能力，最终脱离父母的安全网，成为一个有心理防护能力、有独立性的人。因此，对一个孩子来说，依赖父母是正常的。但是，随着年龄的增长，这种现象应当越来越少，孩子呈现出越来越多的独立性，内心有足够的安全感支持他去探索周围的世界，而非时时被各种恐惧所包围。

　　然而，有的孩子到了青春期，仍对父母表现出特别强烈的依赖性。心理学家认为，一个人担心失去自己所爱的人是十分正常的，但如果这种担心是如此强烈，以致当他与所爱的人不在一起时便会常常为这种担心所困扰，这种担心甚至达到了干扰他正常的生活，这就不正常了。

　　现在的家庭多数是独生子女，几代人的爱护和关心集孩子于一身。在家里，孩子就是"太阳"，就是"小皇帝"。没有家长一口一口地喂饭，孩子就不肯自己吃饭；没有父母哄着、拍着，孩子就不肯睡觉；就连和小朋友在一起玩耍也要求大人陪着。吃完饭不知道洗碗，上学忘了带学习工具，早晨起床根本想不到叠被子，甚至连刷牙也要父母帮着把牙膏挤好；学习上遇到一点困难，第一个想到的是问家长，要求家长帮助解决，而不是独立思考。如果孩子有了这些坏习惯，就不能不考虑他是否太过于依赖父母了。

　　对父母过分依赖的孩子，容易事事依赖他人，这对他们的成长极为不利。过分依赖父母和他人的孩子表现出许多不成熟的迹象：胆小、怕事；遇事退缩、没有主见；总是要别人帮助，屈从他人；逆来顺受，无反抗精神；进取心差，意志薄弱，害怕困难，在困难面前惊慌失措，经受不住挫折和失败；人际交往能力差，孤僻、自我封闭。

过分依赖父母，会使孩子失去物质和精神生活的独立自主性。他们不能独立思考，缺乏创造的勇气，自我肯定性较差，总是陷入犹疑不决的困境。在生活中，他们需要别人的鼓励和支持，借助别人的扶助和判断，并且好吃懒做，坐享其成，不思进取。

过分依赖父母，会形成一些特有的生活环境，使孩子缺乏社会安全感，总是与别人保持距离；他们需要别人提供意见，经常受外界的暗示或指使，好像自己没有判断能力；他们潜藏着脆弱，没有发展出机智应变的能力，更不会有创造性。

纠正孩子过分依赖父母的坏习惯，应该从以下几点入手。

1. 让孩子做力所能及的事情

家庭教育的目的，不是让孩子过上舒适安逸的生活，而是要培养孩子各方面的能力。所以，父母要转变观念，从小就培养孩子自主、自立的精神，孩子的日常学习生活起居，能让其自己做的就不要包办代替。美国家庭的做法是：婴儿从一出生就单独睡觉；孩子能够捧奶瓶了，就让他自己捧奶瓶喝奶；让孩子在有围栏的床上自己玩；把孩子放在大便椅上让他自己大便；孩子学步的时候，也是让他自己扶着学步车走路。长大后，一切能够做的事情都自我完成，同时还必须帮助父母干一些家务活；孩子在 7 岁的时候就开始学着自己挣钱，成人以后，就完全独立，自己解决生活问题。

2. 对孩子的要求与孩子的能力相符合

在培养孩子动手能力的同时要按孩子的年龄、能力的发展程度对孩子提出适当的要求，如果对孩子要求过高、难度过大，会使孩子产生畏难情绪甚至自卑心理；要求过低又不能激发孩子的兴趣。事实上，在幼儿期间，伴随着孩子生理的发展，他们肢体活动能力的增强，相应的自主性也开始得到发展，独立性逐渐增强，这时是父母帮助孩子形成良好习惯的适当时期。父母要坚持给孩子提出一些要求让他们自己完成。当孩子看到自己完成了许多事情，他们的自信心和责任感便会增强，从而减少对父母的依赖心理。

3. 改变孩子已形成的依赖心理

父母一旦发现孩子有依赖性，就必须及时给予纠正和改过。首先了解孩子依赖心理的形成原因，以此为基础，使用一定的策略。

许多孩子每天早上的起床问题让父母费了不少心思，一次又一次地叫孩子起床，可孩子总是赖在床上不起，一旦迟到了，反而责怪父母没有及时把他从床上拉起来。

面对这样的情况，一位父亲就对儿子说："上学是你自己的事，晚上睡觉前上好闹钟，早晨自己起床，没有人再叫你了，迟到了只能由你自己负责。"当然这位父亲对儿子是很了解的，他知道儿子能行。第二天，闹钟一响，儿子果然立即跳下了床，做自己该做的事情。这位父亲运用了一个小技巧，很轻松地就改变了孩子的依赖心理，他的做法是值得其他父母借鉴的。

一位业绩辉煌的公司老板曾说过，他准备让自己即将毕业的儿子先到别的企业里工作，在那里锻炼锻炼、吃吃苦头。他不想让儿子一开始就和自己在一起，因为他担心儿子总是依赖他，指望他的帮助。这位老板的做法应该受到赞赏，相信他的儿子将来会有所成就，最起码不会比早早就藏到父亲的庇护伞下的人差。

金玉良言

> 孩子不可能一辈子在父母的翅膀下生活，也不可能一辈子拄着拐杖行走，他总有一天要离开父母走向社会，走向独立自主的生活。作为父母，早日放手，让孩子用自己的脚走路才是正确的选择。要知道，一个人一旦不再需要别人的援助而自强自立起来，他就算踏上了成功之路。

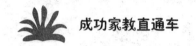

四、教孩子做独立自主的人

从孩子一出生就是一个独立的人，他们在积极探索周围的世界，可是，父母无条件的包办代替使孩子形成了一种错误认识：什么事情都应该是父母做，不用自己动手的。让孩子学会做"人"，必须从学会做一个独立的"人"开始，从而让孩子感知生命存在的意义。

事例一：

高一学生王宏江是一个自信阳光的大男孩，回顾自己的成长经历，他写了一篇作文《懒爸爸》。为什么称为"懒爸爸"呢？他列举了这么几件事：

记得小时候，我走路不稳，摔倒在地上，哭着要爸爸把我扶起来。爸爸用鼓励的眼光看着我，不紧不慢地说："你自己能起来嘛！"我的运动鞋脏了，妈妈要给我洗，爸爸却说："让他自己洗嘛！"爸爸不替我洗也不让妈妈帮我洗，我只好硬着头皮自己洗。我看书时有的字不认识，去问爸爸。他说："你自己去查字典嘛！"我做作业有的数学题不会做，去问爸爸，他又说："你自己搞清楚已知条件和未知条件的关系嘛！"

爸爸喜欢听收音机，特别喜欢听新闻，一天，他说："收音机刚换了电池，为什么不响了？"我胆怯地说："可能出了毛病。"他让我试着修理，还给我找来了万用电表。我按照收音机安装电路图，用万用电表反复检查，终于找出了毛病。现在可好，家里的收音机、录音机坏了，都"请我"帮忙修，我美得不得了。就这样，爸爸"懒"得做的事，"懒"得告诉我的事，我自己都学会了。

最后，王宏江以发自内心的感激，深情地写道："'懒'爸爸，你的良苦用心，我真心领会了！"

世界上没有不爱孩子的父母，然而，生活中很多父母总喜欢把孩子的事情都包办下来，他们似乎并不知道，我们教育孩子的最终目标是要孩子能够独立适应他自己未来的生活。因此，生活中我们要教导他们学会独立地生活，正如王宏江的"懒"爸爸一样，而不是总觉得他们这也不会那也不行。

事例二：

戴维·布瑞纳的家庭过去很贫困，但是在他中学毕业的时候，他收到了一份令他难忘的礼物：

"在我中学毕业的时候，我的许多同学都得到了新衣服，甚至有些富家子弟得到了新轿车。但当我跑回家，问父亲我能得到什么礼物的时候，父亲从上衣口袋里拿出一枚硬币轻轻放在我的手上，对我说：'别人送给你的任何东西都是有限的，只有你自己才能赚下一个无限的世界。用这枚硬币买一张报纸，一字不漏地读一遍，然后翻到分类广告栏，自己找个工作，到这个世界去闯一闯。它现在已经属于你了。'"

"我曾经一直以为这是父亲同我开的一个天大的玩笑，几年后我去部队服役，当我坐在散兵坑道里认真回忆我的家庭和我的生活的时候，才意识到父亲给了我怎样一件珍贵的礼物。我的那些朋友得到的只不过是衣服或者新车，但是父亲给予我的却是整个世界，这是我收到的最好的礼物。"

"我想告诉大家的就是这个故事，我们送给孩子的礼物应该是有助于他开启世界之门的钥匙，而非囊中的食物。"

如今的孩子生活在一个被赋予一切的时代，因此父母对孩子的爱要深沉、高尚、科学、艺术，对孩子真正的爱要藏起一半。

为了培养孩子自己生活的能力，父母要转变观念，让孩子做力所能及的事，培养他们自己动手的习惯，在孩子很小的时候就开始培养他们自立、自主的精神。还要坚持给孩子提出一些要求，让他自己完成，当孩子看到自己双手完成了许多事情的时候，他的自信心和责任感便会增强，从而减少对父母的依赖。

 金玉良言

> 未来是属于孩子的，孩子未来的路要靠他自己去走，未来的生活要靠他自己去创造。父母所能做的是多给孩子自己尝试体验的机会，培养孩子做一个独立的人。

五、培养孩子的自立精神

身为父母，当孩子需要帮助的时候，父母不给予帮助，这是父母不尽职。然而，当孩子有独立完成这件事的能力时，父母就应要求孩子独立完成这件事。作为一个人，他没有摔倒了能重新站起来的勇气和毅力，以后怎样去生存？如果一个人离开了父母的呵护就会很无助，他以后怎么去竞争？所以，对于家长来说，必须注意培养孩子的自立精神。

事例一：

几年前，中日两国的教育家联合举办了一次夏令营活动，其中有一个项目是5000 米徒步。孩子的后面跟着一辆大客车，如果谁走不下来，可以无条件上车。走到中途，突然下起了大雨。有的孩子就坚持不住了，陆陆续续上了后面的大客车。好不容易到了终点，当家长打开大客车的车门，从车上下来的全部是中国孩子，没有一个日本孩子。

这个故事给我们以怎样的启示呢？

如果家长对孩子的事全力包办代替，结果必将会使孩子什么都干不了，自主性差。自主性差的人遇到事情总是犹豫不决，拿不定主意，只会依赖别人；在困难面前又表现为胆小怕事，意志软弱，缺乏独立克服困难和吃苦耐劳的能力。

外国培养孩子自立精神的一些做法值得中国家长借鉴和学习。

美国的家庭教育是以培养孩子富有开拓精神，能够成为一个自食其力的人为出发点的。父母从孩子小时候就采取种种方法，让他们认识到劳动的价值，比如，让孩子自己动手装配自行车、修理小家电、做简易木工、粉刷房间、到外面参加义务劳动，等等。即使是富有的父母，也十分注重对孩子进行自谋生路的能力教育。美国中学生的口号是："要花钱，自己挣！"不管家里经济状况如何，孩子在12岁以后就得给父母的庭院剪草、给别人送报，以换取些零花钱。一些家庭还要求孩子外出当杂工，如夏天替人推收割机，秋天帮人扫落叶，冬天帮人铲除积雪等。

日本人教育孩子有句名言："除了空气和阳光是大自然的赐予，其余的一切都要通过劳动才能获得。"在这一观念指导下，日本许多父母在教育孩子学好功课的同时，要求他们利用课余时间做些力所能及的家务，或到外面打工挣钱。孩子很小时，父母就给他们灌输一种思想："不要给别人添麻烦。"全家人外出旅行，不论多么小的孩子，都无一例外地背上一个小背包。父母说："这是他们自己的东西，应该自己背。"总之，培养孩子的综合素质，培养孩子的自理能力和自强精神，是日本父母的根本出发点。

瑞士的父母为了不让孩子成为无能之辈，从小就着重培养孩子自食其力的精神。比如，十六七岁的姑娘，初中一毕业就被送到有教养的人家去当一年左右的佣人，上午劳动，下午上课。这样做一方面可以学会独立谋生之道，另一方面还有利于学习语言。因为瑞士是个多语种的国家，既有讲本土语言的地区，也有讲德语和法语的地区。所以，一个语言区的姑娘通常到另一个语言区的人家当佣人，还有相当多的孩子被送到英国家庭当佣人。当她们掌握三门语言之后，就可以去银行等部门就职。在瑞士，长期依靠父母过寄生生活的人，被认为是没有出息和可耻的。

德国一贯重视培养孩子"勤奋、正直、可靠、乐于助人、作风正派"等品格。因此，父母们从不包办孩子的事情。父母将子女视做独立的个体，给他们空间，让他们独立地去完成自己应该做的事。譬如，在孩子1周岁左右，父母就鼓励他们自己捧着奶瓶喝牛奶，喝完了，父母还会赞许孩子。随着孩子年龄和能力的增长，父母再引导他们完成一些更难的事情。德国法律规定，孩子到14岁就要在家里承担一些家务，比如要替全家人擦皮鞋等。德国人常说，他们的首要责任就是让孩子懂得，一个人走向社会最终要靠自己，靠自立和自强。

事例二：

一个人开车迷了路，他边开车边查看地图，结果车陷在乡间小路边的壕沟里。他虽然没有受伤，但车却深深地陷进了淤泥里。看到不远处有一个小农舍，这个人便去求援。

走近农舍小院，他发现根本没有汽车或其他现代化机械。马圈里唯一的牲口就是一头衰老的骡子。开车人本来以为农舍的主人会说这骡子太瘦弱不能帮忙。可农夫却爽快地指着那头老骡子说："没问题，沃里克可以把你的车拉出来！"

开车人看了看憔悴的骡子，担心地问："你确定它能行？这附近还有其他农场吗？"

"住在这附近的只有我一个人。别担心，老沃里克能胜任。"农夫自信地说。

农夫把绳子一端固定在汽车上，另一端固定在骡子身上。一边在空中把鞭子抽得啪啪响，一边大声吆喝："拉啊，夫兰德！拉啊，杰克！拉啊，泰迪！拉啊，沃里克！"没多一会儿，小轿车就被老沃里克毫不吃力地拉了出来。

开车人又惊又喜。再三谢过农夫后，他忍不住问："你赶沃里克的时候，为什么要装作还赶着其他骡子的样子，喊了那么多别的名字呢？"

农夫拍了拍老骡子，笑着说："我喊的都是我原来那些骡子的名字，它们以前都和老沃里克一起拉过车。老沃里克是头瞎骡子，只要它以为自己在队伍之中，有朋友帮忙，干活就特别有劲，连年轻力壮的骡子都比不过它。"

在遇到困难的时候，只要放弃过分依赖心理，相信自己的能力，充分发挥自己的潜力，就能依靠自己的力量使问题得到圆满解决。

金玉良言

　　很多家长担忧孩子的安全，为了防止万一，常常因此牺牲孩子锻炼的机会，这样做虽然可保护孩子不受伤害，却造成了孩子缺乏自主性的弱点。因此，家长要大胆放手，激发孩子的勇气，让他们做勇敢的孩子。